KB102103

Data Catalog 만들기

| Data Lake 플랫폼의 핵심 서비스 구현 |

Data Catalog 만들기

윤선웅 지음

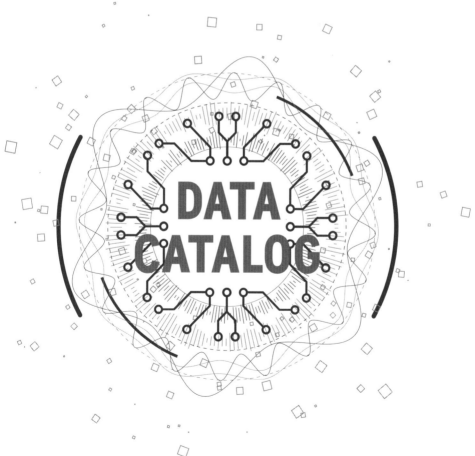

좋은땅

머리말

왜 이 책을 작성하게 되었는가?

본 책은 제가 저술한 《차세대 빅데이터 플랫폼 Data Lake》(좋은땅 출판사, 2021)에 이은 Data Lake 시리즈의 2편에 해당하는 것으로, **Data Lake 플랫폼에서 가장 핵심적인 역할을 수행하는 'Data Catalog'에 대한 책입니다.** 물론 이전 책 《Data Lake》에서도 Data Catalog의 핵심적인 기능과 어떻게 구현할 것인지에 대한 내용을 일부 담고는 있었으나, 전체 Data Lake 플랫폼의 하나의 구성요소로써 간략히 그 개념을 기술하는 것에 초점을 맞추었습니다. 하지만 Data Catalog가 Data Lake 플랫폼 내에서 차지하는 핵심적인 역할에 비해 그 내용이 부족함이 많이 있고, 실무자들이 실제 구현을 위해 무엇을 어떻게 해야 하는지에 내용도 충분하지 못했던 것이 사실입니다. 특히 Data Catalog에 대해 참고할 수 있는 자료가 해외의 몇 권을 제외하고는 거의 전무하다시피 한 현실에서 제가 조금이나마 기여할 수 있기 바라는 마음에서 본 책을 작성하게 되었습니다.

이 책은 어떤 내용을 담고 있는가?

이 책은 먼저 Data Catalog가 무엇인지, 즉 Data Catalog의 개념에 대해 설명하고 있습니다. Data Lake 플랫폼에서 Data Catalog의 역할이 무엇인지 설명하고, Data Catalog에 대한 손쉬운 이해를 위해 온라인 쇼핑몰의 '상품 카탈로그'와 비교하여 설명하고자 합니다. 이를 바탕으로 Data Catalog에 대한 정의와 주요한 기능에 대해서 설명하겠습니다.

다음으로 Data Catalog가 왜 중요한 것인지 설명하고자 합니다. Data Lake 플랫폼에서 Data Catalog의 역할에 대해 설명하고, '데이터 자산화' 관점에서 Data Catalog가 어떤 기여를 해야 하는지 설명하겠습니다. 또한 다양한 '데이터 전처리/분석 도구' 간의 연계에 있어 Data Catalog의 역할에 대해 설명하고, Data Catalog를 성공적으로 구축하지 못했을 때 어떠한 일들이 발생하는지 설명하고자 합니다.

그다음은 본격적으로 Data Catalog의 주요 기능을 구현하는 방법에 대해 설명할 것입니다. 먼저 사용자가 필요한 데이터를 검색하는 기능, 검색 결과를 조회하고, 카탈로그의 세부 내용을 조회하는 기능, Data Lake에 수집되지 않는 데이터에 대해 'VoC(Voice of Customer)'를 통해 수집을 요청하는 기능, 데이터에 대해 문의하고 응답하는 기능, 카탈로그에 각종 정보를 입력하는 '큐레이션(Curation)' 기능, 쿼리를 통해 실데이터를 조회하는 기능, 데이터를 다운로드하거나 타깃 위치로 전송하는 기능, '데이터 전처리/분석 도구'와 연계하는 기능, 용어의 정의를 조회하고 신규로 등록하는 기능, My Catalog에서 내가 작업한 이력을 조회하는 기능 등을 구현하는 방법을 설명하겠습니다.

그리고 Back-End 기능, 즉 UI(화면)가 아닌 백그라운드에서 실행되어야 하는 기능들, 예를 들어 메타데이터 수집/추천 기능, 쿼리 로그 수집/파싱 기능, 데이터 활용 현황 집계 기능, 데이터 배치 처리, 보안 처리 등을 구현하는 방법을 설명하겠습니다.

마지막으로 관리자가 활용할 할 기능, 예를 들어 데이터 현황판(대시보드), 카테고리 관리 기능, 사용자가 요청한 데이터 요청(VoC)을 처리하는 기능, 데이터 Life Cycle 관리 기능, 데이터 품질 관리 기능, 플랫폼 보안 관리 기능, 플랫폼 모니터링 기능 등의 구현 방법에 대해 설명하겠습니다.

다음은 Data Catalog를 개발하는 절차에 대해 설명하고자 합니다. 처음에 기획 단계에서는 솔루션을 도입할 것인지, 자체 개발할 것인지에 대한 의사결정을 한 후, 단계별 구현 로드맵을 수립합니다. 설계 단계부터는 '메타데이터 구축 모듈', 'Data Pipeline 구축 모듈', 'Front-End 구축 모듈', '변화관리 모듈'로 구분하여 진행합니다. '메타데이터 구축 모듈'에서는 가장 먼저 Data Catalog의 대상인 '데이터 객체'의 범위를 정하고, 객체별 '데이터 Steward'를 지정합니다. 이후 객체 유형별로 관리할 메타데이터 항목을 정의하고, 각 항목별 메타데이터 수집 방법과 기능을 설계하고 개발합니다. 개발을 완료한 후에는 '데이터 Steward'가 카탈로그 큐레이션을 시작합니다. 'Data Pipeline 구축 모듈'은 우선 원천 데이터의 수집 범위에 대해서도 정의한 후, 수집 대상 객체별 '데이터 오너'를 지정합니다. 이후 데이터 수집을 위한 Pipeline을 설계하고 개발한 후, 원천 데이터 수집을 시작합니다. 다음으로 'Front-End 구축 모듈'은 Front-End 기능 요건을 정의하고 설계하고 개발을 진행합니다. '변화관리 모듈'은 변화관리를 위한 계획을 수립하고, 수립한 일정에 따른 사용자 그룹별 커뮤니케이션을 진행합니다. 통합 테스트 단계에 들어서면 일반 사용자를 대상으로 한 변화관리 프로그램을 진행합니다. 이러한 절차에 따라 세부적인 행동 절차,

주의해야 할 사항 등을 집중적으로 설명하겠습니다.

마지막으로 Data Catalog의 미래 발전 방향에 대해 설명하고자 합니다. Data Catalog가 궁극적으로 지향하는 통합의 방향은 무엇이고 어디까지 인지, 최근 빅데이터 기술 트렌드를 반영하여 활성화하기 위해 추가적으로 필요한 기능들은 어떤 것들이 있는지에 대한 내용을 기술하고자 합니다.

누가 본 책을 읽어야 하는가?

본 책은 Data Lake 플랫폼의 가장 핵심 서비스라고 할 수 있는 Data Catalog 에 대한 책으로, Data Catalog를 기획중인 IT/DT(Digital Transformation)' 기획자, 또는 시스템 구축을 준비 중인 IT/DT 부서의 담당자, 또는 현재 시스템 구축 프로젝트에 참여 중인 기업의 현업 담당자, 빅데이터 담당자, IT/DT 담당자들을 우선적으로 타깃으로 합니다. 또한 Data Catalog 서비스 구축을 실질적으로 담당할 'SI(System Integrator)' 사업자도 본 책의 내용을 습득해야 할 것입니다. 그리고 Data Catalog의 상세 설계와 개발을 담당할 '애플리케이션 아키텍트(Application Architect)'와 개발자 역시 자신이 담당할 영역뿐만 아니라 다른 영역과 연계할 내용을 파악하는 등 전반적인 구조를 이해하기 위해 본 책을 읽어야 할 필요가 있을 것입니다.

특히 국내의 'Data Catalog' 또는 '메타데이터 관리 시스템' 또는 'DA(Data Architecture)' 등의 솔루션 벤더는 본 책의 모든 기능과 절차, 미래 발전 방향 등의 내용을 깊숙이 분석해야 할 것입니다. 특히 현재 국내에는

Data Catalog라 불릴 만한 솔루션이 없는 상황에서(물론 외산 솔루션을 국내에 공급하는 벤더는 있지만), 본 책의 내용에서 힌트를 얻고 또한 외산 솔루션에 자극을 받아, 현재 난립 중인 외산 솔루션에 못지않은 뛰어난 솔루션을 개발해 줄 것을 기대합니다.

그리고 Data Catalog 서비스를 기업의 비즈니스 환경에 맞게 커스터마이즈하고, 전반적인 프로젝트를 이끌어갈 IT/DT/빅데이터 컨설턴트들도 본 책의 내용을 참고할 필요가 있으며, Data Catalog의 미래 방향성을 연구하는 연구자들도 본 책의 내용을 참고하여 더욱 진보적 모습의 Data Catalog 서비스 구현 방안을 제시해 줄 것으로 기대해 봅니다.

또한 빅데이터에 관심이 많은 학생이나 IT/빅데이터 산업 종사자 분들도 본 책을 통해 최근에 해외에서 많은 주목을 받고 있는 Data Lake와 Data Catalog 서비스에 대한 이해도를 한층 높일 수 있을 것으로 기대해 봅니다.

감사의 말씀

먼저 제가 Data Catalog에 대한 지식을 쌓을 수 있도록 해 주신 고객사 분들, SI(System Integrator) 업체 관계자 분들, 컨설팅 업체분들에게 감사드리며, 프로젝트에서 같이 고생하며 현실적인 조언을 주신 개발자 분들에게도 감사의 말씀을 드립니다. 특히 Data Catalog 서비스 기획 시, 많은 건설적인 의견과 방향성을 주었던 고객사 팀장님, 담당자분들에게 많은 감사를 드립니다.

또한 Data Catalog의 주된 벤치마킹 대상이었던 Alation Data Catalog, Waterline Data 솔루션 관계자들에 대해서도 깊은 감사를 드립니다. 그들의 솔루션이 저에게 깊은 인상을 주었고, Data Catalog의 이상적인 모습에 대한 아이디어를 제공해 준 것이 사실입니다. 또한 Data Lake와 Data Catalog의 방향성에 대한 전반적인 아이디어를 제공해 준《Enterprise Big Data Lake》의 저자 Alex Gorelik에게도 다시 한번 감사의 말씀을 드립니다.

그리고 본 책의 출판을 허락해 주시고, 교정, 디자인, 인쇄 등 많은 업무를 해 주신 '좋은땅 출판사' 관계자 분들에게도 감사의 말씀을 전하며, 본 책을 작성하는 데 집중하느라 여러 가지 염려를 끼침에도 불구하고 항상 든든하게 응원해 주는 저의 사랑하는 가족 현정, 찬영, 보영에게도 사랑과 감사의 말을 전합니다.

목차

제3장

Data Catalog 주요 기능 만들기

제4장
Data Catalog 개발 절차

제5장.

Data Catalog의 미래 발전 방향

그림 목차

제1장

Data Catalog란 무엇인가?

　　Data Catalog는 Data Lake라는 개념과 함께 등장했던 서비스로, Data Catalog에 대한 정의 이전에 Data Lake의 개념에 대해 이해할 필요가 있습니다. Data Lake에 대한 내용은《차세대 빅데이터 플랫폼 Data Lake》(좋은땅 출판사, 2021)에 상세하게 기술하였으니, 필요하신 분들은 참고하시기 바랍니다. Data Lake 플랫폼에 대한 개념을 이해한 후, Data Catalog는 플랫폼에서 어떤 역할을 수행하는지 살펴보고, Data Catalog의 이해도를 높이기 위해 온라인 쇼핑몰의 '상품 카탈로그'와 비교해 보도록 하겠습니다. 그 후 Data Catalog를 정의하고, 주요 기능에 대해서도 살펴보겠습니다.

1. Data Lake 플랫폼

Data Lake는 전사에 산재한 원천 시스템의 Raw Data를 원천 포맷 그대로 수집하여 서비스하기 위한 플랫폼입니다. 전사에는 통상 페타바이트(Petabyte) 단위의 방대한 데이터가 존재하며, 이러한 많은 양의 빅데이터를 고품질로 편리하게 사용자에게 서비스하기 위해서는 몇 가지의 구현 요건이 필요합니다.

Data Lake의 첫 번째 필요 요건은 **잘 정리된 메타데이터 기반의 검색**을 구현해야 합니다. 사용자가 방대한 양의 데이터를 검색하기 위해서는 '테이블명' 혹은 '파일명'이 아닌 '비즈니스 용어'를 통해 검색할 수 있어야 합니다. 즉, 'cust_order_info'와 같은 정확한 테이블명을 입력하는 것이 아닌, '고객 주문 정보'와 같은 비즈니스 용어를 입력하는 것만으로 필요한 데이터를 찾을 수 있어야 합니다.

대부분의 사용자는 정확한 '테이블명' 혹은 '파일명'을 알지 못하며, 자신이 활용하는 시스템의 화면명이나 기능명, 혹은 업무명을 알고 있을 뿐입니다. 정확한 '데이터 객체'명은 해당 정보 시스템의 데이터베이스 담당자 정도가 되어야 알 수 있는 정보이며, 그 외 사용자는 모르는 것이 당연합니다. 그래서 '데이터 객체'명으로 데이터를 찾아야 하는 기존의 '메타데이터 관리 시스템'을 통해서는 필요한 데이터를 찾기 어려운 것이 현실입니다.

사용자가 화면명, 기능명, 업무명을 통해 필요한 데이터를 찾기 위해서는 각 테이블, 파일을 포함한 '데이터 객체'에 '비즈니스 메타데이터'를 등록해야 하고, 이를 색인화하여 검색할 수 있도록 해야 합니다. 이는 말처럼 단순한 일은 아니며 구체적인 구현 방법에 대해서는 이후 '제3장. Data Catalog 주요 기능 만들기'에서 기술하도록 하겠습니다.

Data Lake의 두 번째 필요 요건은 **데이터를 즉시 수집 가능한 'Schema-on-Read' 구조**가 되어야 합니다. 'Schema-on-Read'란 데이터를 기록할 때는 스키마 구조에 대한 정의가 필요 없이 곧바로 등록할 수 있고, 데이터를 읽을 때는 사용자가 필요한 형태의 스키마로 가져갈 수 있음을 의미합니다. 즉 데이터 수집 시 데이터 구조를 정의할 필요 없이 곧바로 손쉽게 수집할 수 있고, 데이터 활용 시에는 필요한 형태에 따라 가공하여 활용할 수 있음을 의미하는 것입니다. Data Lake와 같이 방대한 데이터를 수집하는 시스템의 경우에는 현실적으로 모든 데이터 구조를 데이터 수집 전에 정의할 수 없기에 이와 같은 'Schema-on-Read' 구조는 필수적이라 할 수 있습니다. 이 'Schema-on-Read' 구조를 가장 잘 효율적으로 구현한 것이 바로 '하둡 분산 파일 시스템(Hadoop Distributed File System: HDFS)'입니다. 이러한 특성 때문에 '하둡(Hadoop)'은 빅데이터를 적재하고 처리하는 데 가장 이상적인 기술이라 평가받고 있습니다.

이 'Schema-on-Read'와 반대되는 개념으로 **'Schema-on-Write'**가 있습니다. 'Schema-on-Write'는 반대로 데이터를 기록할 때 스키마가 정의되어 있어야 하며, 데이터를 활용할 때에도 동일한 구조로 읽어서 활용해야 합니다. 스키마, 즉 '데이터 구조'를 정의하기 위해서는 데이터를 모델링해야 하며, 데이터를 모델링하려면 데이터 분석 요건이 정의되어야 합니다. 즉 데이터 수집 전에 데이터 분석 요건이 도출되어야 하고, 그에 따른 모델링을 통해 '데이터 구조'를 정의해야 하므로, 필요한 데이터를 즉시 수집할 수 없는 것입니다. 따라서 방대한 양의 데이터를 적재해야 하는

Data Lake에서는 수집하기 전에 모든 '데이터 구조'를 정의하는 것이 현실적으로 불가능하므로, 이와 같은 'Schema-on-Write' 구조가 적합하지 않은 것입니다. 또한 빅데이터 분석 환경에서는 데이터 분석 요건을 사전에 정의하기 어려운 경우가 대부분이고, 급격한 비즈니스 환경 변화로 분석 요건이 수시로 바뀌는 상황에서, 'Schema-on-Write' 구조는 더욱 적합하지 않은 방식입니다. 이 'Schema-on-Write' 구조를 활용하는 대표적인 데이터 분석 플랫폼이 바로 '데이터 웨어하우스' 입니다. 이 '데이터 웨어하우스'의 'Schema-on-Write' 구조로 인해 Data Lake의 기반 기술로는 활용하기 어려운 것입니다.

Data Lake의 세 번째 필요 요건은 **전사 데이터의 연계 분석이 가능한 환경**이어야 합니다. Data Lake의 중요한 목적 중 하나는 전사 데이터의 단절(Silo) 구조로 인한 비용과 리스크를 '완화'하는 것입니다. 데이터의 단절 구조는 중복 데이터를 양산하고, 데이터 정합성의 저하를 초래하며, 불필요한 수작업과 커뮤니케이션 증가로 인한 비효율이 발생하는 등의 다양한 문제를 초래하기 때문입니다. 따라서 전사의 모든 Raw Data를 한 곳에 모아 두고, 데이터를 필요로 하는 구성원은 누구든 활용할 수 있도록 하여, 기존의 시스템 간 단절 구조를 없애고, 자유롭게 데이터 간 연계 분석을 가능하게 하는 것이 Data Lake의 목적입니다. 따라서 모든 구성원이 모든 데이터를 자유롭게 분석할 수 있도록 '개방성(Openness)'과 '유연성(Flexibility)', 또한 충분한 '성능(Performance)'까지 갖추어야 합니다.

충분한 '개방성'을 보장하기 위해 모든 사용자에게 데이터를 오픈하되, 일부 민감 데이터의 경우에만 비식별화/마스킹(Masking)을 통해 데이터 보안을 지키도록 해야 합니다. 하지만 이 경우에도 분석에 의미 있는 데이터는 최대한 제공할 수 있도록 해야 하며, 보안 데이터의 경우라도 메타데이터는 모두 공개하여(실데이터 활용을 위해서는 승인을 받더라도) 최소한 어떤 데이터가 존재하는지에 대해서는 분석가에게 제공하도록 해야 할 것입니다.

그리고 다양한 형태의 분석이 가능하도록 **데이터 구조의 '유연성'**을 갖추어야 합니다. 이는 위에 설명한 'Schema-on-Read' 구조를 통해 정해진 데이터 구조가 아닌 다양한 형태로 활용할 수 있는 구조를 가짐으로써 가능할 것입니다.

또한 대용량 데이터의 분석을 위해 **충분한 '성능'**을 갖추어야 합니다. 충분한 성능을 갖추기 위해서는 물론 고성능의 대용량 서버의 수를 최대한 늘린다면 해결될 수 있으나, 매년 수 페타바이트(Petabyte)의 용량을 값비싼 고성능 서버로 감당하기에는 상당한 비용의 부담이 있습니다. 또한 Data Scientist는 통상 최소 3년 정도의 장기간 데이터를 분석하고자 하는 요건을 요구하므로, 3년 동안 데이터를 보관하려면 큰 규모의 비용 지출이 필요합니다. 또한 테라바이트(Terabyte)급의 대용량 데이터를 분석하기 위해서는 '빅데이터 분석 환경'을 갖추어야 합니다. 이러한 대용량 데이터를 PC 환경에서 분석하기 위해서는 상당한 인내력이 필요하거나, 아예 분석이 불가능할 것입니다. 대용량 데이터를 효율적으로 보관하고 처리하기에는 Hadoop의 분산 처리 기술을 활용하는 것 외에는 특별한 대안을 찾기 어려운 것이 현실입니다. 물론 Public Cloud 환경에서 Data Lake를 구축하여 서버 용량에 대한 걱정을 줄일 수는 있으나, 보안 등 여러 가지 이유로 대기업들은 아직 제한적으로 Public Cloud를 활용하는 것이 현실입니다. 이에 대한 상세한 내용은 《차세대 빅데이터 플랫폼 Data

Lake》의 내용 중 'On-Premise vs. Cloud' 챕터를 참고하시면 됩니다.

Data Lake의 마지막 필요 요건은 **다양한 데이터 전처리/분석 도구와의 손쉬운 연계**가 이루어져야 합니다. 사용자는 자신의 스킬 수준에 맞는 다양한 도구를 활용하여 데이터를 분석합니다. 일반적인 BI(Business Intelligence) 혹은 시각화(Visualization) 도구에서부터 '대화식 쿼리 서비스(Apache Zeppelin, Jupyter Notebook 등)' 도구, 다양한 '데이터 분석 언어(Python, R 등)', '데이터 전처리 도구(Paxata, Trifacta 등)'가 존재합니다. 이러한 다양한 도구를 통해 Data Lake의 데이터를 자유롭게 분석할 수 있어야 하며, 또한 분석 결과를 Data Lake에 배포하여 다른 사용자들과 공유할 수 있도록 해야 합니다. 이를 위해서는 Data Lake에는 '원천 데이터 영역'에 있는 Raw Data를 개인별 '작업 데이터 영역'으로 이동(복사)할 수 있어야 하고, '작업 데이터 영역'의 데이터를 전처리/분석 도구에서 연계하여 자유롭게 가공하고, 추가 데이터 생성 등도 가능해야 합니다. '작업 데이터 영역'은 개인별/프로젝트별/부서별 영역으로 해당 영역의 데이터는 전사에 공유되지 않습니다. 따라서 사용자가 다른 사용자와 공유를 원할 경우, '작업 데이터 영역'의 데이터를 '가공 데이터 영역'으로 이동(복사)하여 다른 사용자와 공유할 수 있게 해야 합니다. 이렇게 함으로써, 원천 시스템의 Raw Data뿐만 아니라, 사용자가 가공한 데이터까지 Data Lake에서 공유할 수 있는 체계를 갖추게 됩니다.

2. Data Lake 플랫폼에서 Data Catalog의 역할

방대한 양의 데이터를 적재하고 있는 Data Lake의 데이터에 접근하기 위해서는 Data Catalog가 필요합니다. 사용자는 Data Catalog 서비스를 통해서 Data Lake의 데이터에 접근이 가능한 **사용자의 데이터 서비스 '통로(Gateway)'**가 되는 것입니다. 그러나 사용자 입장에서는 Data Catalog를 Data Lake와 동일하다고 생각할 수도 있습니다. 그래서 Data Catalog를 통해 Data Lake를 활용하고 있지만 사용자는 그냥 Data Catalog를 활용한다고 생각할 것입니다.

사용자는 Data Catalog를 통해 Data Lake에 적재된 데이터를 검색하고, 데이터의 배경지식(Context)를 이해하며, 또한 실데이터를 조회하고 다운로드합니다. 즉 사용자가 필요로 하는 데이터를 찾고, 이해하고, 확보하는 **"사용자의 데이터 전달(Delivery) 플랫폼"** 역할을 수행합니다. 만약 Data Catalog가 없다면 사용자는 Data Lake에서 필요한 데이터를 찾거나, 이해하거나, 확보할 수 없을 것입니다. Data Catalog의 '데이터 전달' 기능을 통해 Data Lake 플랫폼의 가장 핵심적인 사용자 서비스를 수행하고 있는 것입니다.

또한 Data Catalog는 Data Lake의 **"데이터 자산화 도구"** 역할을 수행합니다. Data Lake가 Raw Data를 단순히 수집만 한다고 해서 '데이터의 자산화(Data Assetization)'가 이루어지지는 않습니다. '데이터 Steward' 혹은 자동화된 '카탈로그 Agent'가 데이터를 식별하여 제목, 설명, 태그를 붙이고, 어디에서부터 어떤 경로를 거쳐온 데이터인지 '데이터 리니지(계보)'를 분석하고, 실데이터에 대한 통계(값의 분포 등)를 분석한 후에 비로소

'데이터의 자산화'가 이루어집니다. (다음 '그림 1. 데이터 자산화 과정' 참조.)

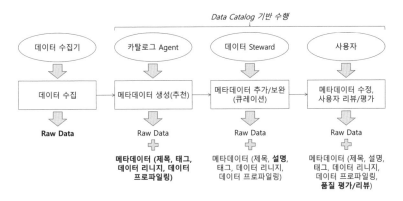

그림 1. 데이터 자산화 과정

그림과 같이 '데이터의 자산화' 작업은 Data Catalog가 중심이 되어 이루어집니다. 먼저 Data Lake의 '데이터 수집기'가 Raw Data를 수집한 이후, Data Catalog의 '카탈로그 Agent'가 테이블명/파일명, 보유 컬럼/필드 등을 분석하여 기존 메타데이터와 비교한 후 제목, 태그를 붙이고, '데이터 리니지', '데이터 프로파일링' 등을 수행하여 메타데이터를 생성 및 추천합니다. '데이터 Steward'는 '카탈로그 Agent'가 추천한 메타데이터를 확인 후 추가/보완하는 큐레이션 작업을 수행, 즉 설명을 추가하고, 추천된 제목, 태그, '데이터 리니지' 정보를 수정하고, '데이터 프로파일링' 결과를 확인하여 데이터 품질 점검을 수행합니다. '데이터 Steward'의 카탈로그 큐레이션 작업이 완료된 이후에는 사용자가 Data Catalog에서 해당 데이터의 설명, 태그 정보를 수정하거나, 사용자 평가/리뷰 등을 추가로 입력하는 등의 활동을 수행합니다. 이렇게 처음에는 단순히 'Raw Data'였던 데이터가 Data Catalog를 통해 점차 메타데이터가 추가되면서 '자산화'가 이루어져 많은 사용자들이 유용하게 활용할 수 있는 '기업의 자산'이 되어가는 것입니다.

마지막으로 Data Catalog는 **"다양한 데이터 서비스 간의 연계자 (Integrator)"** 역할을 수행합니다. Data Catalog에서 필요한 데이터를 검색하고 이해한 후에는 '대화식 쿼리 서비스'를 통해 실데이터를 조회하고 다운로드할 수 있습니다. 또한 다운로드한 데이터는 각종 전처리 도구를 통해 데이터를 정제/병합 등 가공하거나, 다양한 분석 도구를 통해 데이터 분석을 수행합니다. 또한 데이터 전처리/분석을 수행한 결과와 과정을 다시 Data Catalog에 배포할 수 있습니다. 이 모든 과정은 Data Catalog가 중심이 되어 연계의 역할을 수행함으로써 가능합니다. (다음 '그림 2. Data Catalog와 다른 서비스 간의 연계' 참조.)

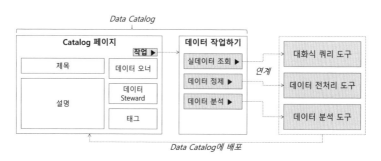

그림 2. Data Catalog와 다른 서비스 간의 연계

그림과 같이 Data Catalog 페이지에서 필요한 정보를 조회한 후, 해당 데이터에 대한 작업을 수행하기 위해 우측 상단의 '작업' 버튼을 클릭합니

다. 해당 데이터에 대해 수행 가능한 작업 목록이 나타나서, 실데이터를 조회하거나, 데이터를 정제하거나, 데이터를 분석할 수 있는 작업 중 하나를 선택할 수 있습니다. 필요한 작업을 선택하면, 해당 데이터를 활용하여 작업할 수 있도록 선택한 도구가 실행됩니다. 그러면 해당 도구에서는 별도로 데이터를 불러오는 작업 없이 곧바로 해당 카탈로그의 데이터를 연계하여 작업할 수 있습니다. 각 도구에서 작업 완료 후에는 다시 해당 작업 결과를 Data Catalog와 연계하여 배포할 수 있게 합니다. 이렇게 함으로써, Data Catalog를 중심으로 모든 작업을 연계하여 편리하게 데이터를 활용할 수 있도록 합니다.

3. Data Catalog vs. 상품 카탈로그

'Data Catalog'라는 명칭에서 알 수 있듯이 '상품 카탈로그'와 **유사한 구성과 활용 절차**를 가지고 있습니다. 따라서 Data Catalog에 대한 이해도를 높이기 위해서는 '상품 카탈로그'와의 구성과 활용 절차에 대한 비교가 많은 도움이 될 것입니다.

먼저 둘의 구성을 비교해 보면, '상품 카탈로그'는 해당 상품에 대한 상세한 정보(메타데이터)를 가지고 있습니다. 상품의 명칭, 카테고리, 가격, 설명, 판매처, 제조처, 상품 문의 등의 정보를 포함한 '비즈니스 메타데이터'가 있고, 상품의 사진, 크기/재질/무게/용량/개수 등 상세한 '기술 명세(Technical Specification)', 원산지 등을 포함한 '기술 메타데이터'가 있으며, 고객 상품평가/리뷰, 다른 고객이 함께 조회/구매한 상품, 함께 배송이 가능한 상품 등 '운영(활용) 메타데이터' 정보가 있습니다.

'Data Catalog'는 '상품 카탈로그'와 마찬가지로 데이터에 대한 상세한 메타데이터 정보를 제공합니다. 데이터 명칭, 설명, 태그/카테고리, 데이터 오너, 데이터 Steward, 데이터 질의응답 등의 '비즈니스 메타데이터'가 있고, 실데이터 샘플, 데이터 구조(컬럼/필드 등), 데이터 프로파일링, 데이터 리니지 등의 '기술 메타데이터'가 있으며, 사용자 평가/리뷰, 쿼리/API 등 활용과 관련된 '운영(활용) 메타데이터' 정보가 있습니다. (다음 '그림 3. 상품 카탈로그 vs. Data Catalog 비교-구성' 참조.)

비교 항목	상품 카탈로그	Data Catalog
비즈니스 메타데이터	• 상품의 명칭 • 카테고리 • 가격 • 설명 • 판매처 • 제조처 • 상품 문의	• 데이터 명칭 • 태그/카테고리 • (없음) • 설명 • 데이터 Steward • 데이터 오너 • 데이터 문의
기술 메타데이터	• 상품의 사진 • 크기, 재질, 무게, 용량, 개수 등 상세 기술 스펙(Specification) • (없음) • 원산지	• 실데이터 샘플 • 데이터 구조(컬럼/필드 등) • 데이터 프로파일링(값 분포 등) • 데이터 리니지
운영 메타데이터	• 고객 상품평가/리뷰 • (없음)	• 사용자 평가/리뷰 • 쿼리/API 등 활용 정보

그림 3. 상품 카탈로그 vs. Data Catalog 비교-구성

그림과 같이 '상품 카탈로그'와 'Data Catalog'의 각 항목 비교 시 상당히 유사함을 알 수 있습니다. 둘의 차이는 'Data Catalog'에는 '가격' 정보가 없고, '상품 카탈로그'에는 '데이터 프로파일링', '쿼리/API 등 활용 메타데이터'가 없다는 정도입니다.

차이가 미미할 수밖에 없는 것은 **대상과 목적과 방법이 유사**하기 때문

입니다. '상품 카탈로그'의 대상은 상품을 구매(활용)하려는 사용자이고, 목적은 상품의 목록과 정보를 제공하는 것이고, 방법은 카탈로그의 형태로 목록화하여 검색/분류하여 제공합니다. 그리고 'Data Catalog'의 대상은 데이터를 활용하려는 사용자이고, 목적은 데이터의 목록과 정보를 제공하는 것이며, 방법은 카탈로그 형태로 목록화하여 검색/분류하여 제공합니다.

다음으로 '상품 카탈로그'의 상품 구매 절차와 'Data Catalog'의 데이터 확보 절차에 대해 비교해 보겠습니다. 먼저 '상품 카탈로그'의 경우, 소비자가 상품을 구매하기 위해, 상품명 등의 키워드로 검색하거나, 카테고리 분류를 통해 필요한 상품을 검색합니다. 다음으로 검색결과에서 상품을 선택하고 '상품 카탈로그'의 다양한 정보를 조회합니다. 상품을 조회한 후 바로 구매 프로세스를 시작하거나 즐겨찾기 또는 장바구니에 담아 놓을 수 있습니다. 필요한 상품을 모두 장바구니에 담은 후 구매를 위해 배송지를 입력하고, 결제를 하면 구매가 완료됩니다. 상품이 배송된 후에는 상품을 이용한 후 상품에 대한 평가와 후기 정보를 작성합니다.

다음 'Data Catalog'의 경우, 사용자가 필요한 데이터를 찾기 위해, 업무명 등의 키워드로 검색하거나, 카테고리 분류를 통해 필요한 데이터를 검색합니다. 다음으로 검색결과에서 데이터를 선택하고 'Data Catalog'의 다양한 정보를 조회하여 데이터의 배경지식(Context)을 이해합니다. 그 후 데이터를 즐겨찾기에 등록하거나, 실데이터 조회를 위해 '대화형 쿼리 서비스'로 이동합니다. 다양한 쿼리를 통해 데이터를 조회 후, 타깃 위치/주기를 입력하여 데이터를 다운로드합니다. 마찬가지로 데이터를 활용한 후에는 데이터에 대한 평가와 후기 정보를 작성합니다. (다음 '그림 4. 상품 카탈로그 vs. Data Catalog 비교-절차' 참조.)

그림 4. 상품 카탈로그 vs. Data Catalog 비교-절차

그림과 같이 '상품 카탈로그'의 이용 절차와 'Data Catalog'의 활용 절차
는 매우 유사함을 알 수 있습니다. 둘의 차이는, '상품 카탈로그'에는 결
제를 포함한 구매라는 절차가 있지만, 'Data Catalog'에는 없으며, 'Data
Catalog'에는 데이터 다운로드 전 실데이터를 조회할 수 있으나, '상품 카
탈로그'에는 상품을 구매하기 전에 실제 상품을 볼 수는 없습니다. 하지만
사진을 통해 실물을 확인할 수는 있습니다.

이와 같이 'Data Catalog'는 그 이름만큼 '상품 카탈로그'와 매우 유사한
구성과 활용 절차를 가지고 있음을 알 수 있습니다. 따라서 이후에 'Data
Catalog'의 메타데이터 정보 구성 시, '상품 카탈로그'의 상품 정보 구성을
참조하고, 'Data Catalog'의 기능 구성 시에는 '상품 카탈로그'의 활용 절차
와 기능을 참조할 수 있을 것입니다.

4. Data Catalog의 정의

Data Catalog의 역할에 대해 알아보았고, '상품 카탈로그'와 구성 및 활용 절차에 비교해 보았습니다. 그러면 이제 'Data Catalog'를 어떻게 정의할 수 있을까요? 먼저 **'Catalog'의 사전적 의미**는 다음과 같습니다. Wikipedia(2021년 기준)에 따르면 'Catalog'란,

> "광고 혹은 홍보를 목적으로 설명을 붙여 만든 상품의 목록이다. 목록, 요람, 편람, 안내서라고도 하며, 출판사나 도서관에서 도서 목록, 저자, 책의 내용을 간단히 소개한 인쇄물이나, 기업, 학교 등의 기관 홍보물도 포함된다."

라고 기술하고 있습니다. 즉 상품의 판매 홍보를 위해 상품에 대한 설명을 붙여 제공하는 목록 정도로 이해할 수 있을 것입니다.

이와 유사하게 **'Data Catalog'를 사전적으로 정의**해 보면, **"데이터의 활용 홍보를 위해 데이터에 대한 설명을 붙여 제공하는 목록."** 정도로 정의할 수 있을 것입니다. 그러면 앞선 Data Lake 플랫폼에서 'Data Catalog'의 역할과 '상품 카탈로그'와의 비교 분석 결과를 고려하여, **기업의 빅데이터 환경에서의 'Data Catalog'를 정의**한다면,

> "전사의 모든 데이터를 쉽고 빠르게 활용할 수 있도록 하기 위하여, 필요한 데이터의 간편한 검색, 상세한 배경지식(Context) 정보의 제공, 신속한 데이터 확보가 가능하도록 한 체계."

정도로 정의할 수 있겠습니다.

5. Data Catalog의 주요 기능

Data Catalog의 기능은 사용자가 이용하는 '화면(User Interface: UI)'을 중심으로 한 **'사용자 Front-End 기능'**과, 사용자 화면상에는 나타나지 않지만 서비스 제공을 위해 서버에서 실행되는 **'Back-End 기능'**, 그리고 Data Catalog 관리자/운영자의 업무 처리를 위한 **'관리자 기능'**으로 구분할 수 있습니다. (다음 '그림 5. Data Catalog의 기능맵' 참조.)

사용자 Front-End 기능		Back-End 기능	
카탈로그 검색	카탈로그 조회	메타데이터 수집	메타데이터 추천(M/L)
데이터 수집 요청(VoC)	데이터 질의응답	데이터 프로파일링	검색엔진 색인 생성
카탈로그 큐레이션	실데이터 조회	쿼리 로그 수집/파싱	데이터 활용 현황 집계
실행 스케줄러	전처리/분석 도구 연계	데이터 배치 처리	데이터 보안 처리
용어사전 관리	My Catalog		

관리자 기능			
데이터 활용 현황판	카테고리 관리	데이터 요청 처리	데이터 Life Cycle 관리
데이터 품질 관리	플랫폼 보안 관리	플랫폼 모니터링	

그림 5. Data Catalog의 기능맵

먼저, **'사용자 Front-End 기능'**의 세부 기능별로 간략히 설명하면,

카탈로그 검색: 사용자가 업무 용어, 비즈니스 용어, 객체명 등의 키워

Data Catalog 만들기

드를 통해 필요한 데이터를 검색하거나, '비즈니스(업무) 카테고리', '데이터 유형 카테고리' 분류를 활용하여 검색하는 기능.

카탈로그 조회: 각 '데이터 객체'에 대해 데이터명, 설명, 태그, 데이터 오너, 데이터 Steward 등의 '비즈니스 메타데이터', 데이터 구조(컬럼/필드 정보 등), 데이터 프로파일링, 데이터 리니지 등의 '기술 메타데이터', 사용자 평가/리뷰, 해당 '데이터 객체'를 활용한 쿼리/API 등의 '운영(활용) 메타데이터'를 조회하여 데이터에 대한 배경지식(Context)을 이해할 수 있도록 하는 기능.

데이터 수집 요청(VoC): 사용자가 카탈로그 검색 결과, 필요한 데이터를 찾지 못한 경우, 'VoC(Voice of Customer)'를 통해 원천 데이터의 추가 수집을 요청하는 기능.

데이터 질의응답: 사용자가 '데이터 오너', '데이터 Steward', '인기 사용자'에게 데이터의 비즈니스 의미, 혹은 데이터 활용 관련, 혹은 데이터 품질 등에 대해 문의하면, 해당 담당자가 응답하는 기능.

카탈로그 큐레이션: '데이터 Steward'가 시스템이 추천한 메타데이터(제목, 태그, '데이터 리니지' 등)에 대해 수정하고 설명을 추가하고, 비즈니스 카테고리를 관리하고, '데이터 프로파일링' 정보를 기반으로 데이터 품질을 관리하는 등 카탈로그 정보를 관리하는 기능.

실데이터 조회: 사용자가 '대화식 쿼리 서비스'를 통해 실데이터를 다양한 조건, Join 등의 SQL문을 활용하여 조회하고 다운로드하며 Data API를 생성하는 기능.

실행 스케줄러: 사용자가 작성한 쿼리 또는 'Data API'를 등록한 주기에 따라 실행하고, 그 실행 결과를 지정한 타깃 위치로 전송하는 기능.

데이터 전처리/분석 도구 연계: 사용자가 카탈로그 페이지를 조회 혹은 실데이터 조회 후, 해당 데이터를 전처리/분석 도구로 연계하며, 전처리/분석 결과물 혹은 과정 산출물을 다시 Data Catalog로 연계 배포하여 다른 사용자와 공유하는 기능.

용어사전 관리: 카탈로그 페이지의 '설명' 항목에 어려운 비즈니스 용어나, 기술 용어가 있을 경우, 용어사전을 통해 정의를 조회할 수 있으며, 용어사전에 신규 용어를 추가하거나 기존 용어의 정의를 수정할 수 있는 기능.

My Catalog: 사용자가 Data Catalog에서 수행한 모든 작업 이력을 조회할 수 있고, 자신의 'Data Lake 활용 현황'을 대시보드 형태로 조회할 수 있는 기능.

다음으로, **'Back-End 기능'**의 세부 기능별로 간략히 설명하면,

메타데이터 수집: '전사 DA(Data Architecture) 시스템' 혹은 '원천 시스

템'으로부터 직접 메타데이터(테이블명, 파일명, 컬럼/필드 정보 등)를 수집하여 '메타데이터 데이터베이스'에 적재하는 기능.

메타데이터 추천: 수집한 기술 메타데이터 정보와 기존에 입력한 메타데이터 정보를 활용하여 데이터명, 태그, 데이터 리니지 등의 메타데이터를 생성/추천하고, '데이터 Steward'의 피드백을 받아 '기계 학습(Machine Learning)'을 통해 계속 추천 로직을 향상하는 기능.

데이터 프로파일링: 수집한 데이터의 값, 유형 등에 대한 통계를 산출하여 사용자에게 제공함으로써, 실데이터에 대한 조회 없이도 데이터의 구성에 대한 이해를 지원하는 기능(데이터 건수, 유일 데이터 건수, Min/Max값, Null값의 수, 데이터 포맷/유형 분포 등)이며, '데이터 Steward'는 이를 기반으로 데이터 품질 관리 활동 수행.

검색엔진 색인 생성: 사용자가 키워드로 데이터 검색 시, 해당 키워드를 보유한 데이터를 빠른 속도로 찾기 위하여, 해당 데이터와 키워드(데이터명, 설명, 태그, 데이터 오너, '데이터 Steward' 등의 메타데이터)를 키-값 구조의 '색인(Index) 데이터베이스'에 적재하는 기능.

쿼리 로그 수집/파싱: 사용자가 '대화식 쿼리 서비스', 데이터 전처리/분석 도구 등에서 활용한 쿼리를 모두 수집하고, 이를 파싱(Parsing)하여 '데이터 객체'의 활용 현황 정보로 제공하거나, '데이터 리니지' 정보를 생성/추천하는 기능.

데이터 활용 현황 집계: Data Catalog에서 데이터를 검색하고, 조회하고, 쿼리를 실행하고, Data API를 생성하고, 데이터를 다운로드하고, 데이터를 타깃에 전송하고, 데이터 객체를 생성하고, 카탈로그를 큐레이션하는 등의 현황을 집계하는 기능(사용자별, 부서별, 전사 현황 집계 필요).

데이터 배치 처리: 데이터의 가공, 이동, 폐기 등의 작업이 정해진 스케줄에 따라 원활히 처리되도록 관리하는 기능으로, '실행 스케줄러', '데이터 Life Cycle 관리' 기능에서 생성한 작업을 주기에 따라 실행.

데이터 보안 처리: '플랫폼 보안 관리'에서 설정한 데이터 보안 정책에 따라 암호화, 비식별화, 마스킹 처리하는 기능(개인 식별 정보, 산업 보안 정보, 민감한 사내 정보 대상).

다음으로, **'관리자 기능'**의 세부 기능별로 간략히 설명하면,

데이터 활용 현황판(대시보드): 사용자의 모든 데이터 활용 활동, 즉 사용자 접속, 카탈로그 검색, 조회, 실데이터 조회, 데이터 다운로드, 데이터 전송, Data API 생성, 데이터 객체 생성, 카탈로그 큐레이션 등에 대한 기간별 건수를 한눈에 파악 가능하도록 대시보드 형태로 제공하는 기능.

카테고리 관리: '데이터 Steward'는 자신이 담당한 영역에 대한 태그의 계층구조(Hierarchy)를 조정하여 '비즈니스(업무) 카테고리' 분류체계를 관리하며, 관리자는 '데이터 유형별 카테고리'를 관리하여 사용자의 카탈

로그 탐색을 지원하는 기능.

데이터 요청(VoC) 처리: 사용자의 카탈로그 검색 결과 필요한 데이터의 부재로, Data Lake에 수집되지 않은 원천 데이터의 수집을 VoC를 통해 요청하는 기능.

데이터 Life Cycle 관리: 관리자는 데이터의 유입, 생성에서부터, 이동, 폐기에 이르기까지의 관리 정책을 등록하고 관리해야 하며, 지정된 정책은 '실행 스케줄러'에 등록되어 자동으로 실행.

데이터 품질 관리: Data Lake에 수집한 데이터의 프로파일링 결과에 대한 이상 여부 판단을 위한 점검 규칙을 등록하고, 이상 발견 시 지정된 '데이터 Steward'에 즉시 알림 메시지를 전송하는 기능.

플랫폼 보안 관리: 데이터 수집 시, 메타데이터 분석을 통해 해당 데이터를 '개인 식별 정보', '산업 보안 정보', '민감한 사내 정보' 등으로 분류(태깅)하고, 등록된 태그별 보안 처리 정책(암호화, 비식별화, 마스킹 등)을 등록/관리하는 기능.

플랫폼 모니터링: Data Catalog 서비스의 세부 기능별로 처리 성능, 문제 발생 여부를 모니터링하고, 한계점(Threshold) 초과 시 각 담당자에게 알림 메시지를 전송하여 조치를 요청하고, 전사의 '장애 관리 시스템'과 관련 정보를 연계하는 기능.

6. 기존 '메타데이터 관리 시스템'과의 차이점

Data Catalog 구축 시, 기존에 관련 업무를 수행했던 IT 시스템 관리자 혹은 운영자들은 다소 부정적인 시각을 가지고 이렇게 얘기하기도 합니다.

"기존의 '메타데이터 관리 시스템'하고 뭐가 다른 거지? 이름만 바뀌었지 기능은 다르지 않은 것 같은데…."

"이전에도 '전사 DA(Data Architecture) 시스템'에서 '데이터 모델링' 할 때, 각 테이블/컬럼에 설명을 입력하고 있어. 이게 '비즈니스 메타데이터'야. 다른 게 뭐가 필요하지? 그런데 대부분 빈(Null)값이고 어차피 정확하게 입력하지도 않고 자세하지도 않아. 그리고 현행화도 잘 안되고 있어. Data Catalog라고 뭐가 다를 것 같아? 어차피 입력도 잘 안 하고 현행화하지 않을 거야."

Data Catalog에 대한 이러한 비관적/비판적 시각을 그들 IT 시스템 관리자의 관점에서 이해해 보면, 수년간 해 왔으나 잘 안되던 것이 새로운 도구가 나왔다고 해서 하루아침에 잘될 리가 없다고 생각하는 것입니다. 이는 Data Catalog 서비스에 대한 깊은 이해가 없는 그들의 관점에서는 틀리지 않은 생각일 수 있습니다. 하지만 이들이 알아야 할 몇 가지의 큰 차이점이 있습니다. (다음 '그림 6. 기존 메타데이터 관리 시스템과 Data Catalog 간의 차이점' 참조.)

Data Catalog 만들기

비교 항목	메타데이터 관리 시스템	Data Catalog
관리 대상 '데이터 객체'	• 관계형 데이터베이스(테이블/컬럼)	• 관계형/NoSQL 데이터베이스(테이블/컬럼) • HDFS 등 파일시스템(폴더/파일/필드) • 이벤트 메시지(토픽) • 쿼리, Data API, 지식(Article), 보고서/대시보드 등
메타데이터 관리 항목	• 테이블/컬럼의 설명 • 컬럼의 데이터 유형, 사이즈 • 테이블간의 관계(PK, FK 등)	• 데이터명, 설명, 태그, 질의응답 등 비즈 메타 • 데이터 리니지, 데이터 프로파일링 등 기술 메타 정보 추가 제공 • 쿼리, API, 보고서/대시보드 등 활용 메타
메타데이터 입력 주체	• 데이터 모델러 • 데이터베이스 관리자	• '카탈로그 Agent' 자동 생성/추천 • 데이터 Steward • 사용자: 설명, 태그, 평가/리뷰, 용어사전
데이터 검색	• 정확한 '테이블명' 혹은 '컬럼명'	• 테이블명, 파일명, 컬럼명, 필드명 • 비즈니스(업무) 키워드 • '데이터 오너'명, '데이터 Steward'명 등
다른 도구와의 연계	• 데이터 모델링 도구 • 데이터 사전	• 대화식 쿼리 서비스, 용어사전(내부) • 데이터 전처리 도구 • 데이터 분석 도구

그림 6. 기존 메타데이터 관리 시스템과 Data Catalog 간의 차이점

먼저 **관리 대상 '데이터 객체'**입니다. 기존 '메타데이터 관리 시스템'은 '관계형 데이터베이스'의 테이블과 컬럼이 주된 관리 대상이었으나, Data Catalog는 '관계형 데이터베이스'뿐만 아니라 'NoSQL 데이터베이스'의 스키마, 테이블, 컬럼도 포함하며, 'HDFS(Hadoop Distributed File System)' 등의 파일시스템, '이벤트 메시지'와 같은 'Raw Data 객체'뿐만 아니라 '사용자 생성 객체'인 쿼리, Data API, 지식(Article), 보고서/대시보드 등도 포함합니다.

다음으로 **메타데이터 관리 항목**입니다. 기존 '메타데이터 관리 시스템'이 관리하는 '비즈니스 메타데이터'는 각 테이블/컬럼의 설명을 관리합니다. 또한 '기술 메타데이터'로 컬럼의 데이터 유형, 사이즈 등 기술적 정보, 그리고 테이블 간의 관계(Primary Key, Foreign Key 등)를 관리합니다. 하지만 Data Catalog는 각 '데이터 객체'의 설명뿐만 아니라 데이터명, 태그, 데이터 질의응답 등의 '비즈니스 메타데이터'를 포함하며, '기술 메타데이터'도 '데이터 리니지', '데이터 프로파일링' 등의 정보를 추가로 제공

합니다. 또한 쿼리, Data API, 보고서/대시보드 등의 '운영(활용) 메타데이터'도 추가적으로 제공합니다.

다음은 **메타데이터 입력 주체**입니다. 기존 '메타데이터 관리 시스템'은 '데이터 모델러' 혹은 '데이터베이스 관리자'가 해당하는 메타데이터를 입력해야 하나, Data Catalog의 경우, 데이터명, 태그, '데이터 리니지' 등 일부 정보는 '카탈로그 Agent'에 의해 자동으로 추천을 받으며, '데이터 Steward'가 큐레이션을 통해 메타데이터를 등록/관리합니다. 또한 설명, 태그, 사용자 평가/리뷰, 용어사전 등의 정보는 사용자가 직접 입력도 가능합니다.

다음은 **데이터 검색**입니다. 기존 '메타데이터 관리 시스템'은 정확한 테이블명, 컬럼명으로 검색해야 했지만, Data Catalog는 테이블명, 파일명, 컬럼명, 필드명 등 기술적 명칭뿐만 아니라 비즈니스(업무) 키워드로도 검색이 가능하며, '데이터 오너'명이나 '데이터 Steward'명으로도 검색이 가능합니다.

마지막으로 **다른 도구와의 연계**입니다. 기존 '메타데이터 관리 시스템'은 데이터 모델링 도구, '데이터 사전(Data Dictionary)'과의 연계가 전부였으나, Data Catalog는 카탈로그 서비스 내에 포함된 '용어사전', '대화식 쿼리 서비스'뿐만 아니라 다양한 '데이터 전처리 도구'나 '데이터 분석 도구'와의 연계가 이루어집니다.

제2장

Data Catalog는
왜 중요한가?

1. Data Lake 플랫폼의 출발점이자 관문

사용자가 Data Lake의 데이터에 접근하기 위해서는 Data Catalog 서비스를 이용해야 합니다. 사용자의 관점에서 **Data Catalog 서비스는 Data Lake 플랫폼의 출발점이자 반드시 통과해야 하는 '관문(Gateway)'입니다**. 따라서 사용자들은 Data Lake 플랫폼에 대한 경험을 Data Catalog 서비스에 대한 경험으로 인식하게 됩니다.

만약 Data Catalog 서비스에 대한 사용자 경험이 불편하거나 비효율적이거나 품질이 낮다고 느낄 경우, 사용자들은 Data Lake 플랫폼의 품질이 낮고 비효율적이고 불편하다고 생각하게 됩니다. 따라서 Data Catalog 서비스를 사용하지 않을 것이고, 결국 Data Lake의 데이터 활용도는 저하될 것입니다. Data Lake 데이터의 활용도의 저하는 결국 프로젝트의 실패로 이어질 것입니다.

반대로 Data Catalog 서비스에 대한 사용자 경험이 만족스럽고 품질이 높다고 느낄 경우, 사용자들은 Data Lake 플랫폼의 완성도가 높다고 생각하게 됩니다. 따라서 Data Catalog 서비스의 활용은 지속적으로 증가할 것이고, 결국 Data Lake 데이터의 활용도가 높아질 것이므로, 결국 프로젝트의 성공으로 이어질 것입니다.

Data Lake 플랫폼의 내부 아키텍처 완성도가 아무리 높다고 하더라도, 즉 높은 성능과 최소한의 중복 데이터와 높은 데이터 정합성을 가지고 있다고 하더라도, 사용자가 직접 활용하는 Data Catalog 서비스가 불편하거나 만족스럽지 못하다면, 사용자는 결코 Data Lake 플랫폼의 완성도가 높다고 생각하지 않을 것입니다.

결론적으로 Data Catalog 서비스를 사용자가 충분히 만족할 수 있을 정도로 성공적으로 구현해야만, Data Lake 플랫폼 프로젝트를 성공적으로 완료할 수 있습니다. Data Lake 플랫폼의 다른 구성 요소를 고품질과 고성능으로 구현하다고 하더라도, Data Catalog 서비스를 성공적으로 구현하지 못한다면, Data Lake 플랫폼 프로젝트는 실패할 수밖에 없습니다.

2. 전사 데이터의 자산화

이미 언급했듯이 Data Catalog의 중요한 역할 중 하나인 **'데이터 자산화'는 Data Catalog 서비스를 중심으로 이루어집니다.** '카탈로그 Agent'는 '전사 DA 시스템' 혹은 '원천 시스템'으로부터 메타데이터를 수집하고, 추가로 필요한 메타데이터 항목은 '추천 로직'(신규 데이터와 기존 데이터 간의 비교)에 의해 생성 및 추천합니다. 추천한 메타데이터 항목에 대해서는 '데이터 Steward'가 확인 후 '확정' 혹은 '보완'을 통해 피드백합니다. 이 '데이터 Steward'의 피드백은 다시 메타데이터 추천 로직의 '기계 학습(Machine Learning)'을 위한 입력값으로 반영하여 추천의 정확도는 계속하여 향상됩니다. 또한 사용자도 설명, 태그, 평가/리뷰 등의 항목을 입력하여 메타데이터를 추가 보완함으로써 데이터의 자산화가 이루어집니다.

만약 Raw Data를 수집하여 기본적인 '기술 메타데이터' 정보(테이블명, 컬럼명, 데이터 유형, 사이즈 등)만 보관하고 있다면, 사용자들은 필요한 데이터를 찾기 어려울 뿐만 아니라, 데이터를 찾은 후에도 이 데이터가 어떻게 생성된 것인지, 어떤 의미를 가지고 있는지, 어떻게 활용해야 하는지를 알 수 없습니다. 즉 이러한 Raw Data는 활용하기 어려운 상태, 즉 '자산화'가 이루어지지 않은 상태에 남아 있는 것입니다. 이 데이터를 생성한 원천 시스템의 '데이터 오너'만이 해당 데이터에 대한 상세한 비즈니스 배경지식을 알고 있고, 그 정보를 전사의 사용자들에게 공유하지 못하는 것입니다.

하지만 Raw Data를 수집한 이후, Data Catalog를 통해 다양하고 유용한 메타데이터를 생성하여 함께 제공한다면, 사용자에게 익숙한 비즈니스(업무) 키워드로 필요한 데이터를 쉽게 찾을 수 있고, 데이터가 생성된 과정, 비즈니스 의미, 활용방법 등의 배경지식(Context)을 이해할 수 있어, 사용자가 편리하게 활용할 수 있게 됩니다. 즉 해당 데이터는 기업의 무형의 '자산'이 되어 개별 사용자의 업무 개선, 나아가서 비즈니스 성과 향상까지도 기여하게 되는 것입니다.

그리고 또 다른 방식의 '데이터 자산화'도 Data Catalog를 통해 이루어집니다. Data Catalog는 사용자가 다운로드한 데이터를 '데이터 전처리/분석 도구'에 연계하여, 데이터 전처리/분석 수행 후, 그 '결과 데이터' 혹은 '과정 산출물'을 Data Catalog를 통해 다시 Data Lake에 배포합니다. 예를 들어, 데이터 분석 과정/결과 산출물을 '리포트/대시보드' 혹은 '지식(Article)' 객체 형태로 배포할 수 있고, 전처리/분석 결과 데이터를 Data Lake의 '가공 데이터 영역'에 배포할 수도 있습니다. Data Catalog를 통해 Data Lake에 배포한 이후에는 다른 사용자들이 해당 '리포트/대시보드', '지식(Article)', '가공 데이터' 객체를 검색할 수 있고 활용할 수 있습니다.

즉 원천 시스템의 Raw Data뿐만 아니라 사용자가 가공한 데이터와 그 과정 및 결과까지도 전사의 사용자들에게 공유함으로써, 다른 사용자들이 유용하게 활용할 수 있도록 '자산화'가 이루어지는 것입니다. 이러한 사용자 가공 데이터와 결과물은 Raw Data보다 실질적으로 더 유용하게 활용될 수 있습니다. 왜냐하면, 일반적인 사용자들이 데이터 활용 시에는 Raw Data를 개별적으로 활용하는 경우보다는, Raw Data를 가공한 결과물을 활용하는 경우가 훨씬 많기 때문입니다.

이렇듯 **Data Catalog는 'Raw Data'와 '가공 데이터'를 '자산화'**함으로써, 전사의 사용자들이 유용하게 활용할 수 있도록 하여 줍니다. 사용자들은 이러한 '데이터 자산'을 각자의 업무에 활용함으로써 기업의 가치를 향상할 수 있는 활동을 해 나갈 수 있을 것입니다.

3. 데이터 도구의 활용성 향상

기업의 사용자들은 다양한 역량과 스킬과 자신만의 전문 영역을 보유하고 있습니다. 또한 다양한 기호와 취향을 가지고 있습니다. 어떤 사용자는 IT 시스템에 익숙하지만 어떤 사용자는 그렇지 못하고, 또 어떤 사용자는 쿼리(SQL문)를 사용할 수 있으나 어떤 사용자는 이용하지 못할 것입니다. 그리고 일부 사용자는 고급 통계 도구와 분석 프로그래밍 언어를 이용할 정도의 높은 역량을 가지고 있는 경우도 있으나, 대부분의 사용자는 그러한 역량을 보유하고 있지 못합니다.

이러한 이유로 인해 사용자들은 시각화 도구, 리포트 도구, 통계 도구,

분석 프로그래밍 도구, 전처리 도구, 대화식 쿼리 도구 등 다양한 종류와 벤더의 데이터 활용 도구들을 자신의 취향과 역량과 스킬에 따라 이용하고 있습니다. 또한 Data Lake 플랫폼과 Data Catalog가 구축되기 전의 사용자들은 수작업을 통해 데이터를 추출 후 자신의 로컬 PC에 다운로드하여 PC 환경에서 데이터 도구를 통해 전처리/분석을 수행하고 있습니다.

하지만 Data Lake 플랫폼 구현 후에는 사용자들은 Data Catalog 서비스를 통해 필요한 데이터를 검색하고, 조회하고, 다운로드(Data Lake의 '작업 데이터 영역'으로)하여 곧바로 자신이 원하는 도구로 서버 환경에서 데이터를 전처리하고 분석할 수 있습니다. 즉 기존의 수작업으로 데이터를 추출하던 것을 Data Catalog라는 자동화 도구를 통해 다운로드할 수 있게 변경되었으며, 로컬 PC 환경에서 데이터를 전처리하고 분석하였으나, 서버 환경에서 가공할 수 있도록 변경되었습니다. 이로 인해 사용자들은 기존의 수작업으로 인한 불편함과 불필요한 시간을 단축할 수 있게 되었고, 대용량 데이터를 고성능 서버 환경에서 전처리/분석할 수 있게 된 것입니다.

사용자들은 기존에 자신이 선호하던 도구를 고성능 서버 환경에서 계속 이용할 수 있으면서도, Data Catalog를 활용한 자동화로 인한 편리함도 함께 누릴 수 있어 그 활용성을 배가할 수 있습니다.

4. Data Catalog의 실패는 '데이터 늪'

'늪(Swamp)'은 물 속이 불투명하여 안에 무엇이 있는지 찾을 수 없게 되어 버린 습지를 의미합니다. 수심이 얕음에도 불구하고 각종 생물의 사체가 바닥에 퇴적되고 물이 순환되지 않아 정체되고 탁하게 된, 균형을 잃어버린 상태인 것입니다. 그래서 크기도 계속 줄어들어 결국 그 모습이 없어지고 초원과 같은 육지로 변해 버리고 맙니다. 반면 '**호수(Lake)**'는 물이 깨끗하고 투명하여 안에 어떤 생물이 있는지 잘 보입니다. 수심도 깊고 생물도 다양하게 존재하여 균형을 이룬 상태이며 물의 자연스런 순환과 함께 그 규모도 점점 확대되는 건강한 생태계입니다.

이와 비교하여 '**데이터 호수(Data Lake)**'는 다양한 원천으로부터 Raw Data를 계속하여 수집하고, 사용자들이 잘 활용할 수 있도록 잘 정리하며, 높은 데이터의 품질을 유지합니다. 사용자는 필요한 데이터를 잘 찾고 활용도 지속적으로 확대됨에 따라 Raw Data와 사용자의 가공 데이터도 계속적으로 유입됩니다. 따라서 고품질의 데이터가 유지되면서 지속적으로 확대되는 모습을 가지게 됩니다.

반면 '**데이터 늪(Data Swamp)**'은 데이터를 계속적으로 수집하나 정리가 잘되지 않아, 사용자들이 필요한 데이터를 찾기 어렵고, 데이터의 품질관리도 잘 이루어지지 않아 저품질의 '쓰레기(Garbage)' 데이터가 함께 존재하여 사용자들의 활용도는 점점 낮아지게 됩니다. 시간이 지남에 따라 점점 데이터를 받아들이는 속도가 느려지고, 규모도 점점 작아져서 결국에 아무도 찾지 않는 시스템이 되어 버리고 맙니다.

이렇게 '**데이터 호수**'를 유지할지, '**데이터 늪**'이 될지를 결정하는 것은 바로 '**Data Catalog 서비스**'를 얼마나 성공적으로 구현하고 운영하는지에 달려 있습니다. Data Catalog는 다양한 원천에서 Raw Data가 유입됨에 따라 유용한 메타데이터를 생성/추천하고, 다양한 사용자 그룹이 이를 보완함으로써 '데이터 자산'이 되어 갑니다. 이렇게 잘 정리된 데이터는 사용자들이 쉽게 찾을 수 있고 유용하게 활용할 수 있게 됩니다. 또한 '데이터 프로파일링' 등 '카탈로그 Agent'의 기능과 '데이터 Steward' 등 사용자의 노력으로 고품질의 데이터를 유지하여 사용자의 만족도와 활용도는 점차 향상됩니다. 사용자의 활용이 증가함에 따라 Raw Data의 유입 속도는 점차 빨라지고, 사용자가 생성한 '가공 데이터 객체' 역시 점점 늘어납니다. 이제 Data Lake 플랫폼은 많은 사용자들이 유용하게 활용하는 성공적인 시스템이 됩니다.

이렇게 성공적인 Data Lake 플랫폼이 되도록 해 주는 핵심적인 서비스가 바로 Data Catalog인 것입니다. 반대로 Data Catalog 서비스의 사용자가 필요한 데이터를 찾기 어렵거나, 필요한 정보를 얻기 어렵거나, 데이터의 품질이 저하되거나, 데이터를 활용하기 불편하게 된다면, 사용자의 활용도는 점차 낮아지고, 신규 Raw Data의 유입이나 '사용자 생성 객체'도 점차 줄어들게 될 것입니다. Data Lake는 점차 '데이터 늪'으로 변하게 되어, 결국 실패한 프로젝트로 폐기만을 기다리는 최후를 맞이하게 될 것입니다.

제3장

Data Catalog
주요 기능 만들기

이제 본격적으로 Data Catalog 서비스의 주요 기능들을 어떻게 구현할 것인지에 대한 각론으로 들어가 보도록 하겠습니다. 먼저 사용자가 활용하는 화면(UI: User Interface)으로 이루어진 **'사용자 Front-End 기능'**으로, 카탈로그 검색, 카탈로그 조회, 데이터 수집 요청(VoC), 데이터 질의응답, 카탈로그 큐레이션, 실데이터 조회, 데이터 다운로드/전송, 데이터 전처리/분석 도구와의 연계, My Catalog 기능에 대해서 살펴보겠습니다. 다음으로 화면이 아니므로 사용자에게 직접 노출되지는 않지만 Data Catalog 서비스를 위해 필요한 **'Back-End 기능'**으로, 메타데이터 수집, 메타데이터 추천(Machine Learning), 검색엔진 색인 생성, 쿼리 로그 수집/파싱, 데이터 프로파일링, 데이터 활용 현황 집계, 데이터 배치/보안 처리 기능에 대해서 알아보겠습니다. 다음으로 관리자 혹은 운영자가 필요한 Data Catalog 서비스의 관리를 위해 필요한 **'관리자 기능'**으로, 데이터 활용 현황판, 카테고리 관리, 데이터 요청(VoC) 관리, 데이터 Life Cycle 관리, 데이터 품질 관리, 플랫폼 보안 관리, 플랫폼 모니터링 기능에 대해 살펴보겠습니다.

1. 사용자 Front-End 기능

1-1. 카탈로그 검색

카탈로그 검색 기능은 Data Catalog 서비스의 가장 핵심적인 기능으로, 사용자들이 필요한 데이터를 검색하는 기능입니다. 사용자가 키워드를 입력하여 검색하는 **'키워드 기반 통합검색'** 기능과, 사전 정의된 카테고리 (분류)를 기반으로 필요한 데이터를 찾아 나가는 **'카테고리 검색'** 기능으로 나누어지며, '카테고리 검색' 기능은 다시 비즈니스(업무) 카테고리를 기반으로 분류하는 **'비즈니스(업무) 카테고리 검색'**과 데이터의 기술적 유형과 구조를 기반으로 검색하는 **'데이터 유형 카테고리 검색'**으로 구분할 수 있습니다.

먼저 **'키워드 기반 통합검색'** 기능은 Data Lake가 수집한 수십만 개에 달하는 '데이터 객체'를 키워드를 통해 찾는 기능으로, 사용자들이 가장 자주 이용하는 기능 중 하나입니다. 따라서 좌측 혹은 우측 상단에 '키워드 입력란'을 항상 노출함으로써, 사용자들이 수시로 접근할 수 있도록 하는 것이 바람직합니다. (다음 '그림 7. 키워드 검색란의 위치 예시' 참조.)

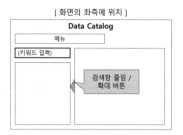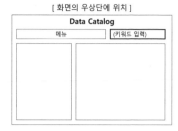

그림 7. 키워드 검색란의 위치 예시

그림의 좌측 예시와 같이, '검색란'이 좌측 상단에 위치해 있을 경우, '검색란'에서 키워드를 입력하거나, 그 하단에서 '카테고리 검색'을 수행하는 등의 검색 활동을 항상할 수 있도록 상시 노출함으로써, 사용자들이 항상 접근 가능하도록 합니다. 물론 이 '데이터 검색창'은 '줄임' 또는 '확대' 가능하며, 그에 따라 반대로 우측 콘텐츠란을 '확대' 또는 '축소'가 가능하도록 합니다.

또는 그림의 우측 예시와 같이, '검색란'을 우측 상단에 상시 배치하여, 사용자들이 항상 접근할 수 있도록 합니다. 하지만 이 경우에는 이 '검색란'을 '확대' 또는 '축소'하는 것은 어려울 것입니다.

이 키워드 검색 기능은 사용자가 가장 자주 수시로 이용하는 기능이므로, 편의성과 성능에 큰 주의를 기울여야 합니다. 이를 위해, 첫 번째, **'키워드 자동 완성'** 기능이 필요합니다. (다음 '그림 8. 키워드 자동 완성 기능 예시' 참조.)

고객

고객 주문 정보 (3/8)
고객 360 View
고객 데이터 관리
고객 경험
기업 **고객** 데이터
...

그림 8. 키워드 자동 완성 기능 예시

그림의 예시와 같이, 사용자가 키워드 입력란에 '고객'이라고 입력했을 경우, 곧바로 하단에 '고객'이 포함된 키워드를 검색한 이력이 순식간에 나타나게 합니다. 구글 등 대형 포털 사이트를 이용해 본 사람들은 어떤 기능인지 곧바로 이해할 수 있을 것입니다. 이때 추가적인 편의를 위해 우선순위를 조정해 주는 것이 좋습니다. 예를 들어, 최상단에는 사용자 자신이 검색했던 키워드를 시간의 역순으로 보여 주고(위 예시의 '고객 주문 정보'와 같이), 그 하단에는 다른 사용자들이 검색한 키워드를 인기도순으로 보여 줍니다. 이때, 입력한 키워드는 '**볼드체**'(위 예시의 '고객'과 같이)로 보여 준다면 좀 더 식별이 용이할 것입니다.

두 번째로, 너무나 당연하겠지만 **검색 속도**가 매우 중요합니다. 사용자가 키워드 입력 후 검색 실행 시 가능하면 1초 이내로 나오는 것이 좋습니다. 사내 네트워크를 이용하므로 네트워크에 의한 지연이 없을 경우라 가정하면, 검색 요청과 거의 동시에 나오도록 하는 것이 좋습니다. 대부분의 사용자가 사용하는 첫 기능이 바로 이 '키워드 검색'인 경우가 대부분이므로, 만약 검색 결과가 조금이라도 지체된다면 아마 대부분의 사용자들의 Data Catalog에 대한 첫인상이 좋지 않을 것은 당연한 일일 것입니다.

세 번째로, **추가적인 세밀한 검색**이 가능해야 합니다. 최초 키워드 검색 후 나타나는 검색 결과에서 '**결과 내 검색**' 혹은 '**카테고리 내 검색**'이 가능해야 하고, 별도로 '**고급 검색**(Advanced Search)'도 가능해야 합니다. 먼저 '**결과 내 검색**'은 검색결과 내에서 다시 키워드로 검색하는 기능입니다. 검색 범위를 계속 좁혀 갈 수 있어 정확한 키워드를 모를 시에 필요한 기능입니다. (다음 '그림 9. 결과 내 검색 예시' 참조.)

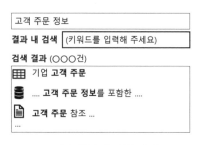

그림 9. 결과 내 검색 예시

그림의 예시와 같이 최상단에 키워드 입력란에 '고객 주문 정보'를 입력한 후에 하단에 ○○○건의 검색결과가 조회됩니다. 이 ○○○건 중에 다시 새로운 키워드로 검색하고자 할 때, 하단의 '결과 내 검색'란에 키워드를 입력하면, 하단에 ○○○건 중 새로운 키워드에 해당하는 검색결과가 나타나게 됩니다. 한두 번의 '결과 내 검색'만 수행하더라도 상당히 적은 수의 검색 결과가 나타날 것이므로, 필요한 데이터를 찾기에 매우 용이한 기능입니다.

다음으로 '**카테고리 내 검색**'은 특정 카테고리 내에서 키워드로 검색하는 기능입니다. (다음 '그림 10. 카테고리 내 검색 예시' 참조.)

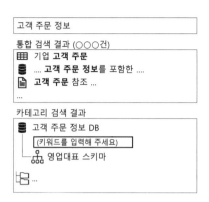

그림 10. 카테고리 내 검색 예시

그림의 예시와 같이 '고객 주문 정보'라는 키워드로 검색 시, 하단에 '통합 검색 결과'가 조회되고, 그 하단에 '카테고리 검색 결과'가 조회됩니다. 그러면 '데이터 객체' 유형, 즉 데이터베이스, 파일시스템, 쿼리, Data API, 보고서/대시보드, 지식(Article)별 검색 결과를 조회할 수 있게 됩니다. 각 '데이터 객체' 유형별로 또 세부 '데이터 객체'별로 결과를 조회할 수 있습니다. 예를 들면, '데이터베이스 > 스키마 > 테이블 > 컬럼' 순으로 검색 결과를 조회할 수 있으며, 각 유형별로 키워드 검색이 가능하도록 해야 합니다. 그림에서 '고객 주문 정보 DB' 하단의 키워드 입력란에 키워드를 입력하면 '고객 주문 정보 DB' 하위의 스키마, 테이블, 컬럼 내에서 추가 입력한 키워드에 대한 검색 결과를 조회 가능합니다.

마지막으로 **'고급 검색'**은 상세한 조건을 입력하여 검색하는 기능입니다. (다음 '그림 11. 고급 검색 예시' 참조.)

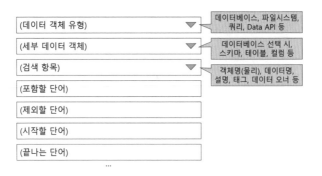

그림 11. 고급 검색 예시

그림의 예시와 같이 '고급 검색'은 상세한 조건을 선택, 입력하여 정확한 검색 결과를 찾는 검색 방식입니다. 예를 들어, 데이터베이스, 파일시스템, 이벤트 메시지, 쿼리, Data API, 보고서/대시보드, 지식(Article) 등의 '데이터 객체 유형'을 선택할 수 있고, 그 하단에 선택한 '데이터 객체 유형'에 따라 '세부 데이터 객체'를 선택할 수 있습니다. 예를 들어, '데이터베이스' 유형 선택 시에는 '스키마 > 테이블 > 컬럼', '파일시스템' 유형 선택 시에는 '폴더 > 파일'을 선택할 수 있고, 파일 선택 시에는 파일 유형도 선택할 수 있을 것입니다. 또한 그 하단에는 메타데이터 중 어떤 항목을 검색할 것인지 '검색 항목'을 지정할 수 있습니다. '객체명(물리)'으로 검색할 수도 있고, 데이터명, 설명, 태그 등을 지정하여 검색할 수 있습니다. 그 하단에는 실제로 검색할 단어를 입력합니다. 예를 들어, '고객'이라는 단어는 포함하되 '개인'이라는 단어는 제외하고, 시작할 단어를 'cust'로 하거나, 끝나는 단어를 'info'와 같이 지정할 수도 있습니다. 키워드 통합검색만으로 원하는 결과를 얻기 어려울 때 이러한 '고급 검색'을 활용하면 유용할 수 있습니다.

네 번째로, 아무리 강조해도 지나치지 않은 **키워드의 범위**입니다. 앞서 언급했듯이 기존 '메타데이터 관리 시스템'은 '데이터베이스' 내의 '객체명(물리)'으로만 검색이 가능한 경우가 대부분이었습니다. 하지만 이렇게 검색해서는 사용자가 원하는 결과를 얻기 어려우므로, 사용자가 입력한 업무(비즈니스) 용어가 데이터명, 설명, 태그 등에 포함되어 있는지 검색이 가능해야 합니다. 또한 '데이터 오너'명 혹은 '데이터 Steward'명으로도 검색이 가능해야 할 것입니다. 예를 들어 '홍길동'이라는 '데이터 Steward'가 관리하는 '데이터 객체'를 모두 검색하고자 할 경우가 있을 것이기 때문입니다.

'키워드 기반 통합검색' 다음으로 **업무 카테고리 검색** 기능을 어떻게 구현할지에 대해 알아보도록 하겠습니다. '업무 카테고리 검색'은 말 그대로 해당 기업의 '비즈니스(업무)'를 기준으로 데이터를 분류하는 것입니다. 기업의 업무라고 하면 통상적으로 R&D, 구매, 생산, 물류, 영업, 마케팅 등의 '가치 사슬(Value Chain)'을 기준으로 합니다. (다음 '그림 12. 업무 카테고리 검색 예시' 참조.)

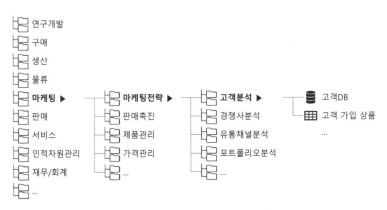

그림 12. 업무 카테고리 검색 예시

그림의 예시와 같이 트리(Tree) 구조 혹은 계층구조(Hierarchy) 형태로 업무 카테고리를 구성합니다. 가장 좌측은 최상단 분류인 'Level 1'으로, 연구개발, 구매, 생산, 물류, 마케팅, 판매, 서비스, 인적자원관리, 재무/회계 등의 기업에서 가장 큰 업무 구분(통상 부서 단위)으로 구성합니다. 'Level 1' 업무 중 하나(예: 마케팅)를 선택하면, 해당하는 단위 업무들이 'Level 2' 업무로 나타납니다. 위의 예시에서는 '마케팅' 업무 하위에 마케팅전략, 판매촉진, 제품관리, 가격관리 등의 업무로, 통상 부서 내에서 담당자별로 구분된 업무 단위로 이해할 수 있습니다. 이러한 'Level 2' 업무 중 하나(예: 마케팅전략)를 선택하면, 해당하는 단위 업무들이 'Level 3' 업무로 나타납니다. 위의 예시에서는 '마케팅전략' 업무 하위에 고객분석, 경쟁사분석, 유통채널분석, 포트폴리오분석 등의 업무로써, 통상 각 담당자가 수행하는 세부 업무 단위로 이해할 수 있습니다. 이러한 'Level 3' 업무 중 하나(예: 고객분석)를 선택하면, 해당하는 '데이터 객체' 목록들이 나타납니다. 위의 예시에서는 '고객분석' 업무 하위에 '고객DB'라는 데이터베이스와 '고객 가입 상품'이라는 테이블 등을 확인할 수 있습니다.

이렇게 '업무 카테고리'는 'Level 3~4' 정도로 구성하는 것이 일반적이고, 최하 Level 업무에 각 '데이터 객체'를 매핑하는 것이 일반적입니다. 하지만 여러 가지 업무를 포함하는 '데이터 객체'인 경우 'Level 1~2' 하위에도 매핑할 수 있습니다. 이러한 각 **개별 업무 카테고리는 사용자가 입력한 '태그'로, '데이터 Steward'는 '카테고리 관리' 기능에서 이러한 '태그' 간 계층구조(Hierarchy)를 조정**할 수 있습니다. 즉 '태그'는 일반적인 사용자도 추가와 수정이 가능하도록 하고, 이 '태그' 간의 계층구조는 '데이터 Steward'가 관리하도록 합니다. 또한 각 '데이터 객체'에는 2개 이상의 '태그'를 붙일 수 있고, 그에 따라 2개 이상의 '업무 카테고리'에 매핑도 가능하도록 해야 합니다.

이렇게 '태그'를 통해 '업무 카테고리'를 관리하면 계층구조를 비교적 유연하게 관리할 수 있을 뿐만 아니라, 별도의 분류 체계를 만들기 위한 노력을 줄일 수 있습니다. 또한 고정된 구조가 아니므로 변화하는 비즈니스 환경에도 유연하게 대응할 수 있어 이 방법을 추천드립니다. '태그' 방식이 아닌 고정된 분류체계를 통해 '데이터 객체'를 매핑하는 것은 각 '데이터 Steward'에게 큰 부담일 수 있으며, 2개 이상의 카테고리에 매핑하기도 어려울 뿐만 아니라, 분류 체계를 변경하는 것도 상당히 많은 노력이 필요하기 때문입니다. 즉 고정된 분류체계를 통해 '업무 카테고리'를 관리하는 전통적인 방식은 많은 운영 부담이 존재할 것입니다.

또한 과거 '지식 관리 시스템'의 '지식 맵(Knowledge Map)' 사례에서도 알 수 있듯이, 지식을 '서비스/제품'(통상 사업부 단위)별로 분류하기도 하고, 서비스업의 경우 고객사의 업종(Industry)을 기준으로 지식을 분류하기도 합니다. '지식'과 마찬가지로 '데이터' 역시 이러한 분류체계를 구성하는 것도 검토할 수 있으나, 각각의 분류체계는 기업의 상황/전략에 따라 상이하게 정의할 수 있으므로, 이러한 분류 체계를 정의하는 것은 본 책의 범위를 벗어나는 것으로 생각됩니다.

마지막으로 **'데이터 유형 카테고리 검색'** 기능을 어떻게 구현할지에 대해 알아보도록 하겠습니다. 위와 같은 비즈니스(업무)적 분류가 아닌 데이터 유형, 즉 데이터의 기술적 분류에 따라 필요한 데이터를 검색하는 기능입니다. (다음 '그림 13. 데이터 유형 카테고리 검색 예시' 참조.)

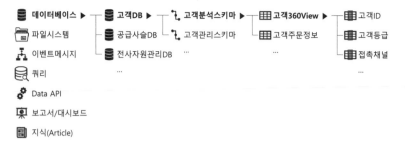

그림 13. 데이터 유형 카테고리 검색 예시

　그림에서 보는 것과 같이 '업무 카테고리'와 동일한 방식으로 트리 (Tree) 구조 혹은 계층구조(Hierarchy)로 '데이터 유형 카테고리'를 구성합니다. 가장 좌측은 '데이터 객체'의 최상위 분류로, 데이터베이스, 파일 시스템, 이벤트 메시지, 쿼리, Data API, 보고서/대시보드, 지식(Article) 으로 구성되어 있습니다. 이 중 하나의 객체 유형인 '데이터베이스'를 선택하면, Data Catalog에서 서비스 중인 자사의 데이터베이스 객체 목록이 나타나게 됩니다. 그림의 예시에서는 '고객DB', '공급사슬DB', '전사자원관리DB'가 이에 해당합니다. 이 데이터베이스 객체 중 하나인 '고객DB'를 선택하면, 이 '고객DB' 데이터베이스에서 관리 중인 스키마(예시에서는 고객분석스키마, 고객관리스키마 등.) 목록이 나타나게 됩니다. 이 스키마 객체 중 하나인 '고객분석스키마'를 선택하면, 이 '고객분석스키마'에서 관리 중인 테이블 목록(예시에서는 고객360View, 고객주문정보 등.)이 나타나게 됩니다. 이 테이블 목록 중 하나인 '고객360View'를 선택하면, 이 '고객360View'가 관리 중인 컬럼 목록(예시에서는 고객ID, 고객등급, 접촉채널 등.)이 나타나게 됩니다.

　데이터베이스가 아닌 다른 '데이터 객체'도 마찬가지로 이런 방식으로 계층구조 형태로 구성되어 있습니다. 예를 들면, '파일시스템'을 선택하면, Data Catalog가 서비스 중인 자사의 '파일시스템' 목록이 조회되며(이 '파일시스템' 목록 중에는 Data Lake의 주 저장소인 'Lake HDFS'도 포함), 각 파일시스템 하위에 폴더 목록, 각 폴더 하위에 하위 폴더 및 파일 목록, 각 파일 하위에 필드 목록 순으로 조회할 수 있을 것입니다.

'이벤트 메시지'의 경우도 마찬가지입니다. '이벤트 메시지' 객체 유형을 선택하면, Data Catalog가 서비스 중인 자사의 '이벤트 메시지' 저장소 목록이 조회되며('Lake Kafka' 등), 특정 '이벤트 메시지' 객체 선택 시, 하위의 '토픽(Topic)' 목록, 각 토픽 하위에 필드 목록순으로 조회할 수 있을 것입니다.

검색 결과의 위치는 '키워드 검색란'의 위치에 따라 정해질 수 있습니다. '키워드 검색란'의 위치가 좌측 상단에 있을 경우, 좌측 하단에서 조회하는 것이 자연스럽고, '키워드 검색란'의 위치가 우측 상단에 있을 경우, 우측 하단에 위치하는 것이 자연스러울 것입니다. (다음 '그림 14. 키워드 입력란 위치에 따른 화면 Layout 예시' 참조.)

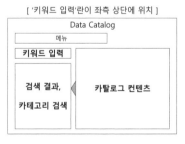

그림 14. 키워드 입력란 위치에 따른 화면 Layout 예시

그림의 화면 Layout 예시에서, 좌측은 '키워드 입력란'이 좌측 상단에 위치해 있는 경우이며, 이 경우에 검색 결과는 '키워드 입력란' 하단에 표시하는 것이 자연스러울 것입니다. '검색 결과'를 표시하는 란은 '카테고리 검색' 시에도 활용할 수 있습니다. 즉 좌측은 데이터를 검색하는 용도로만 활용하고, 좌측에서 특정 '데이터 객체'를 선택 시, 우측에 해당하는 콘텐츠가 나타나도록 구성합니다.

이와 다르게 '키워드 입력란'이 우측 상단에 위치해 있는 경우에는 그림과 같이 검색 결과가 하단에 나타나며(이 경우 좌측 바는 별도로 없는 구조), 검색 결과 중 특정 '데이터 객체'를 선택 시 화면이 전환되면서 해당 콘텐츠가 나타나게 됩니다. '카테고리 검색'의 경우에도 마찬가지로 카탈로그 콘텐츠와 동일한 영역에 표시되며, 특정 '데이터 객체' 선택 시 화면이 전환되면서 해당 콘텐츠를 조회할 수 있습니다.

이 두 가지 Layout 중 어떤 것을 선택할지는 기업에서 강조하고자 하는 영역에 따라 결정하면 됩니다. 좌측 Layout은 좌측 '바(Bar)'는 검색 영역, 우측은 콘텐츠 영역으로 명확히 정해져 있으며, 필요에 따라 해당 영역을 확장할 수 있어 좀 더 유연하게 공간을 활용할 수 있는 장점이 있습니다. 반면 우측 Layout은 '키워드 검색'을 강조하는 구조이며, 일반적인 '검색 포털'과 같은 구조라고 이해하시면 됩니다.

1-2. 카탈로그 조회

다양한 방식의 '데이터 객체' 검색 결과에서 특정 객체를 선택하면, 해당 객체에 대한 상세한 메타데이터를 조회할 수 있습니다. (다음 '그림 15. 카탈로그 조회 화면 Layout 예시' 참조.)

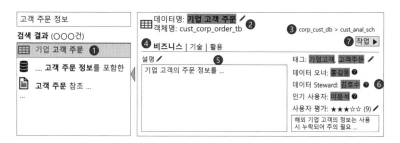

그림 15. 카탈로그 조회 화면 Layout 예시

그림의 화면 Layout과 같이, 좌측 '검색 바'는 '키워드 검색'을 수행하고 검색 결과를 보여 주는 영역이며, 우측은 '데이터 객체'의 카탈로그 콘텐츠를 조회하는 영역입니다. 좌측 검색 결과에서 특정 '데이터 객체'인 '기업 고객 주문' 테이블을 선택하면(1), 우측에 해당 객체(테이블)에 대한 상세한 메타데이터를 조회할 수 있습니다.

먼저 상단에는 '데이터명'과 '객체명'이 나타나며(2), '데이터명'은 해당 '데이터 객체'가 어떤 데이터인지를 간략하게 나타내는 제목을 의미하는 것으로, '카탈로그 Agent'가 1차적으로 추천하며, 사용자가 이를 직접 수정할 수 있습니다. '데이터명' 우측에는 수정 가능함을 의미하는 연필 모양의 아이콘이 있으며, 이를 클릭하면 수정 가능한 모드로 전환됩니다. '객체명'은 '데이터 객체'의 물리적인 명칭(테이블명, 파일명 등)으로 수정이 불가능하며, 실제 데이터 활용 시에는 이 명칭을 이용해야 합니다.

'객체명'의 우측에는 물리 데이터 구조상의 해당 객체의 위치를 보여 주며(3), 예시에서는 'cust_corp_order_tb' 테이블은 'corp_cust_db' 데이터베이스 하위의 'cust_anal_sch' 스키마 하위에 존재하는 것을 알 수 있습니다. 이 정보는 데이터의 비즈니스 의미를 이해하기 위해서는 필요하지 않지만, 실제 데이터 활용 시에는 사용자가 꼭 알아야 하는 정보입니다.

'객체명'의 하단에는 메타데이터 항목별로 탭(Tab)으로 구분하여 정보를 조회(4)하는 부분입니다. '비즈니스'탭은 '비즈니스 메타데이터' 정보를 조회할 수 있는 영역이고, '기술'탭은 '기술 메타데이터' 정보를 조회, '활용' 탭은 데이터의 활용과 관련된 정보를 조회할 수 있는 영역입니다.

'비즈니스'탭은 데이터에 대한 상세한 내용을 기술하는 '설명'란이 좌측 중앙부에 위치(5)하고, 그 우측에는 데이터에 대한 키워드와 카테고리를 간단한 단어의 조합으로 나타내는 '태그(Tag)'란이 위치(6)합니다. '태그' 하단에는 해당 '데이터 객체'의 원천 데이터를 담당자인 '데이터 오너', 카탈로그 큐레이션을 담당하는 '데이터 Steward', 해당 데이터를 가장 적극적으로 활용(쿼리, Data API 등)하는 '파워 유저(Power User)'를 의미하는 '인기 사용자'를 조회할 수 있습니다. 각 이름 옆에는 '물음표' 아이콘이 있어 곧바로 해당 담당자에게 질의할 수 있습니다.

그 하단에는 해당 데이터를 실제로 활용한 사용자의 평가와 리뷰를 조회할 수 있습니다. 사용자 평가의 평균 별점과 평가에 참여한 사용자 수, 그 옆의 연필 아이콘을 클릭하면 직접 평가와 리뷰를 작성할 수 있습니다. 하단에는 사용자의 리뷰 내용을 조회할 수 있는 영역입니다.

그리고 화면의 우측 상단에는 '작업' 버튼(7)이 있어, 이를 클릭 시 해당 '데이터 객체'를 이용한 추가 작업 목록(실데이터 수집 요청, 카탈로그 큐레이션 요청, 실데이터 조회, 데이터 다운로드/전송/전처리/분석 등)을 조회할 수 있습니다.

이러한 '카탈로그 조회' 화면 Layout은 '데이터 객체'의 유형에 따라 조금씩 상이하므로, 각 '데이터 객체' 유형별로 예시 화면과 화면 내 각 요소에 대해 설명하겠습니다(공통/중복 화면은 생략).

• 데이터베이스

대부분의 IT 담당자들은 '테이블' 객체만 서비스 대상으로 생각하며, '데이터베이스', '스키마', '컬럼' 객체는 카탈로그 서비스 대상이 아니라고(혹은 불가능하다고) 생각합니다. 하지만 '데이터베이스' 객체의 경우, 어떤 목적의 데이터베이스이고, 어떤 경우에 활용해야 하는지, 어떤 정보를 담고 있는지에 대한 설명이 필요하고, 이 데이터베이스의 '데이터 오너', '데이터 Steward' 등에 대한 정보도 제공해야 합니다. 또한 해당 데이터베이스가 제공하는 스키마 목록에 대한 정보도 제공해야 합니다. (다음 '그림 16. 데이터베이스 객체 카탈로그 화면 예시' 참조.)

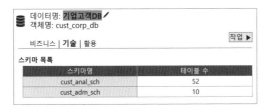

그림 16. 데이터베이스 객체 카탈로그 화면 예시

그림과 같이 화면의 좌측 상단에 '데이터베이스' 아이콘과 함께 '데이터 명(비즈명)', '객체명(물리명)'을 조회할 수 있고, '기술'탭에서는 해당 '기업고객DB' 객체 하위의 스키마 목록(스키마명, 스키마별 보유 테이블 수)을

조회할 수 있습니다. '비즈니스'탭은 이전에 설명한 예시와 동일한 Layout
으로 구성되므로 생략하며, '활용'탭은 해당 데이터베이스를 활용한 쿼리
목록, Data API 목록, 보고서/대시보드 목록을 인기도(실행 횟수) 순으로
조회할 수 있습니다.

• 스키마

'스키마' 객체의 경우도 카탈로그 서비스 대상이며, 어떤 목적의 스키
마이고, 어떤 경우에 활용하는지, 어떤 정보를 담고 있는지에 대한 설명
과, 원천 시스템의 '데이터 오너', 카탈로그 큐레이션을 담당하는 '데이터
Steward' 정보 등을 '비즈니스'탭에서 조회할 수 있어야 합니다. 또한 해당
스키마 객체 하위의 테이블 목록을 조회할 수 있습니다. (다음 '그림 17.
스키마 객체 카탈로그 화면 예시' 참조.)

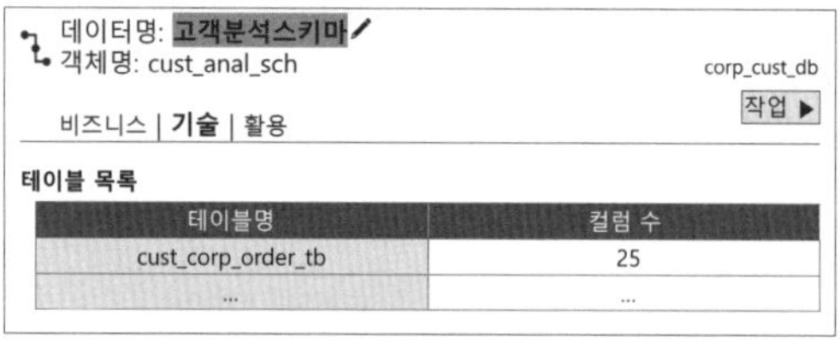

| 데이터명: **고객분석스키마** | |
| 객체명: cust_anal_sch | corp_cust_db |

비즈니스 | **기술** | 활용   작업 ▶

테이블 목록

테이블명	컬럼 수
cust_corp_order_tb	25
...	...

그림 17. 스키마 객체 카탈로그 화면 예시

그림과 같이 화면의 좌측 상단에는 '스키마' 아이콘과 함께, '데이터명',
'객체명'을 조회할 수 있고, '객체명' 우측에는 해당 '스키마'가 속한 '데이터
베이스'의 '객체명'을 조회할 수 있습니다. '기술'탭에는 해당 '고객분석스
키마' 객체 하위의 테이블 목록을 조회할 수 있고, 테이블명과 해당 테이

블의 컬럼 수를 조회 가능합니다. '활용'탭에는 해당 '스키마' 객체를 활용한 쿼리 목록, Data API 목록, 보고서/대시보드 목록을 인기도(실행 횟수) 순으로 조회할 수 있을 것입니다.

• 테이블

'테이블' 객체는 모든 '데이터 객체' 유형 중 가장 숫자가 많고 또한 핵심적인 객체로써, 가장 많은 메타데이터 항목을 보유하고 있습니다. '비즈니스'탭의 정보는 앞선 예시 화면과 동일하므로 생략하며, '기술'탭은 해당 '테이블' 객체가 보유한 '컬럼' 정보와 '데이터 리니지' 정보를 제공합니다. (다음 '그림 18. 테이블 객체 카탈로그 화면 예시-기술탭' 참조.)

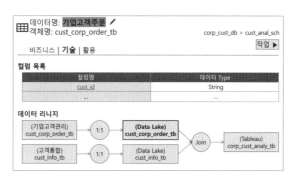

그림 18. 테이블 객체 카탈로그 화면 예시-기술탭

그림과 같이 화면의 좌측 상단에 '테이블' 아이콘과 함께 '데이터명'과 '객체명'을 조회할 수 있으며, '객체명'의 우측에는 해당 '테이블'이 속한 '데이터베이스'와 '스키마'의 객체명을 조회할 수 있습니다. '기술'탭에는 컬럼 목록 정보를 '컬럼명'과 해당 컬럼의 '데이터 Type'과 함께 조회할 수 있습니다. '컬럼명' 클릭 시, 해당 컬럼의 카탈로그 페이지로 이동하여, 컬럼에 대한 상세 정보를 조회할 수 있습니다.

그 하단에는 '데이터 리니지(Data Lineage)' 정보를 조회할 수 있어, 해당 '데이터 객체'가 어떤 원천 시스템으로부터 어떤 처리 과정을 거쳐 어디서 활용되고 있는지를 조회할 수 있습니다. 그림의 예시와 같이 '기업고객관리'라는 원천 시스템의 'cust_corp_order_tb'라는 테이블의 데이터는 1:1 방식, 즉 원천 데이터 포맷 그대로 수집하여 Data Lake에 'cust_corp_order_tb' 테이블(굵은 글자체와 상자 외곽선)에 수집하였고, '고객통합'이라는 원천 시스템의 'cust_info_tb'라는 테이블 데이터 역시 1:1 방식으로 Data Lake에 수집하여 'cust_info_tb' 테이블에 수집하였습니다. 이 두 테이블의 데이터는 'Join' 처리를 통해 'Tableau'라는 '데이터 시각화 도구'에서 'corp_cust_analy_tb'라는 테이블에 적재하여 활용하고 있습니다.

또한 '테이블' 객체의 '활용'탭에서는 해당 '테이블' 객체를 활용한 쿼리, Data API, 보고서/대시보드를 조회할 수 있습니다. (다음 '그림 19. 테이블 객체 카탈로그 화면 예시-활용탭' 참조.)

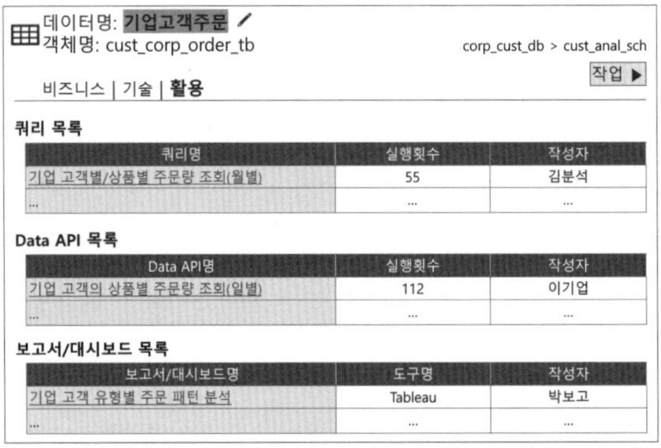

그림 19. 테이블 객체 카탈로그 화면 예시-활용탭

그림의 예시 화면과 같이 '활용'탭의 상단에는 해당 테이블을 활용한 '쿼리 목록'을 쿼리명, 쿼리를 실행한 횟수, 쿼리 작성자와 함께 조회할 수 있습니다. 쿼리 실행 횟수의 역순으로 정렬되어 사용자들이 가장 자주 활용하는 쿼리를 우선적으로 조회할 수 있으며, 쿼리명을 클릭하면 해당 쿼리의 카탈로그 페이지로 이동합니다.

'쿼리 목록' 하단에는 'Data API 목록'을 Data API명, API 실행 횟수, API 작성자와 함께 조회할 수 있습니다. '쿼리 목록'과 마찬가지로 Data API의 실행 횟수의 역순으로 정렬하고, Data API명 클릭 시에는 해당 API의 카탈로그 페이지로 이동할 수 있도록 해 줍니다.

'Data API 목록' 하단에는 '보고서/대시보드 목록'을 보고서/대시보드명, 해당 보고서/대시보드를 작성한 도구명, 해당 보고서/대시보드의 작성자와 함께 조회할 수 있습니다. 보고서/대시보드명을 클릭하면 해당 보고서/대시보드의 카탈로그 페이지로 이동합니다.

사용자들은 이러한 방식으로 해당 '데이터 객체'가 어디에서 어떻게 활용되는지를 조회할 수 있으며, 이를 참고하여 자신만의 쿼리를 작성하거나, Data API를 생성하거나, 보고서/대시보드를 작성할 수 있게 됩니다.

· **컬럼**

'컬럼' 역시 별도의 카탈로그 페이지를 만들어 데이터의 배경지식 정보를 제공해야 합니다. 대부분의 IT 담당자는 이에 대해 상당히 부정적입니다.

"수십만 개의 컬럼에 대한 카탈로그 페이지를 만들어서 서비스한다고? 그 정보를 누가 어떻게 다 입력할 거지? 테이블만 해도 수만 개인

데 아마 다 입력하지 못할 거야. 그런데 수십만 개의 컬럼 정보를 입력한다는 것은 불가능해."

라고 생각할 것입니다. 어쩌면 Data Catalog에 대한 깊은 지식이 없는 상태에서 이렇게 부정적인 생각이 드는 것은 당연할지도 모릅니다. 하지만 데이터를 실제로 활용하는 사용자 입장에서는 '테이블'에 대한 정보만으로는 데이터를 활용할 수 없습니다. 각 '테이블' 내에 어떤 '컬럼'에 어떤 정보가 있고, 해당 '컬럼'은 어디에 활용 가능한지, 데이터 정합성은 문제가 없는지에 대한 정보를 파악해야만 실제로 활용이 가능합니다.

따라서 '컬럼' 역시 '테이블'과 유사한 수준의 카탈로그 페이지를 구성하여 제공해야 합니다. '비즈니스'탭은 '테이블'과 동일한 구조이고, '기술'탭은 '데이터 리니지' 정보 대신 '데이터 프로파일링(Data Profiling)' 정보를 제공해야 합니다. (다음 '그림 20. 컬럼 객체 카탈로그 화면 예시' 참조.)

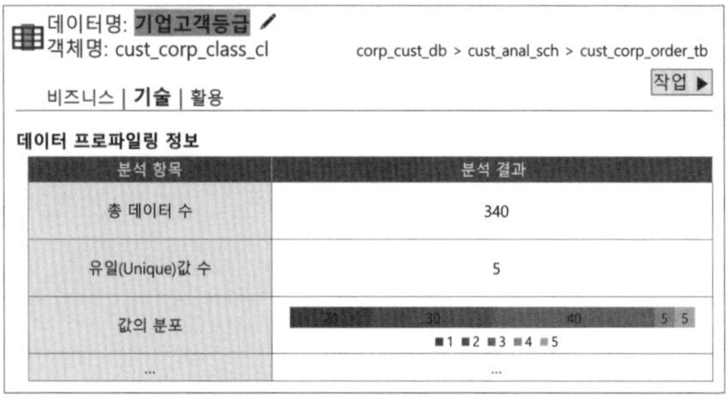

| 데이터명: **기업고객등급** ✎ | |
| 객체명: cust_corp_class_cl | corp_cust_db > cust_anal_sch > cust_corp_order_tb |

비즈니스 | **기술** | 활용   작업 ▶

데이터 프로파일링 정보

분석 항목	분석 결과
총 데이터 수	340
유일(Unique)값 수	5
값의 분포	■ 1 ■ 2 ■ 3 ■ 4 ■ 5
...	...

그림 20. 컬럼 객체 카탈로그 화면 예시

그림과 같이 화면의 좌측 상단에는 '컬럼'을 나타내는 아이콘과 함께,

'데이터명'과 '객체명'이 표시되고, '객체명' 우측에는 해당 '컬럼'이 속한 '데이터베이스', '스키마', '테이블'의 객체명이 차례로 표시됩니다. 하단의 '기술'탭에는 '데이터 프로파일링' 정보가 표시되며, 각 분석 항목별 분석 결과를 조회할 수 있습니다. 분석 항목은 '총 데이터 수', '유일(Unique)값 수', '값의 분포', 'Null값 비중', '포맷별 비중' 등을 포함하고 있어, 실데이터를 조회하지 않고도 데이터에 대한 이해와 함께 품질을 파악할 수 있습니다. '활용'탭은 '테이블' 객체와 동일한 방식으로, 해당 '컬럼'을 활용한 쿼리, Data API, 보고서/대시보드 목록을 조회할 수 있습니다.

- **파일시스템**

'데이터베이스' 객체는 '테이블' 형태로 데이터를 저장하는 체계이나, '파일시스템' 객체는 '파일' 형태로 데이터를 저장하는 체계(적재소)를 의미합니다. 하둡의 저장 체계인 '하둡 분산 파일시스템(Hadoop Distributed File System: HDFS)' 외에도 '객체 저장소(Object Storage)', '파일 서버' 등 기업 환경에서 활용하는 다양한 파일 적재소를 포함합니다. '파일시스템' 객체도 다른 객체와 같이 어떠한 정보를 담고 있고 어떤 목적의 적재소인지, 누가 관리하는지 등에 대한 정보를 '비즈니스'탭을 통해 제공해야 하며, '기술'탭을 통해서는 해당 '파일시스템'이 어떤 '폴더'를 포함하고 있는지에 대한 정보를 제공해야 합니다. (다음 '그림 21. 파일시스템 객체 카탈로그 화면 예시' 참조.)

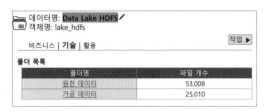

그림 21. 파일시스템 객체 카탈로그 화면 예시

그림과 같이 화면의 좌측 상단에는 '파일시스템'을 나타내는 아이콘과 함께 '데이터명'과 '객체명'을 조회할 수 있습니다. '기술'탭에는 해당 '파일시스템' 객체 하위의 폴더 목록을 '폴더명'과 해당 폴더 내에 적재된 '파일개수'와 함께 조회 가능합니다. '폴더명' 클릭 시, 해당 폴더의 카탈로그 페이지로 이동하여 '폴더'의 상세 정보를 조회할 수 있습니다.

• 폴더

'폴더'는 '파일시스템' 내에 적재되는 '파일'에 대한 분류와 정리를 위한 객체입니다. 따라서 '폴더'도 어떤 목적으로 어떤 '파일'을 담고 있는지, 어떤 경우에 활용해야 하는지, 누가 관리하는지 등에 대한 정보를 제공해야 하며, 이는 '비즈니스'탭에서 확인할 수 있습니다. '기술'탭은 해당 '폴더' 객체 내 담고 있는 하위 '폴더'와 '파일' 정보를 제공해야 합니다. (다음 '그림 22. 폴더 객체 카탈로그 화면 예시' 참조.)

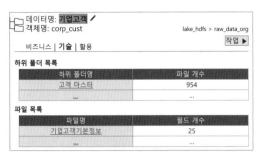

그림 22. 폴더 객체 카탈로그 화면 예시

그림과 같이 화면의 좌측 상단에는 '폴더'를 의미하는 아이콘과 함께 '데이터명'과 '객체명'을 조회할 수 있고, '객체명' 우측에는 해당 '폴더'가 속해 있는 '파일시스템'과 '폴더'의 객체명을 조회할 수 있습니다. '기술'탭 상단에는 해당 '폴더'의 하위 폴더 목록을 '하위 폴더명', 해당 폴더에 속한 '파일 개수'와 함께 조회할 수 있으며, 그 하단에는 '파일'을 직접 포함하고 있을 경우 그 목록을 '파일명', 해당 파일이 보유한 '필드 개수'와 함께 조회할 수 있도록 합니다. '하위 폴더명'과 '파일명'을 클릭 시에는, 해당 카탈로그 페이지로 이동하여 상세한 정보를 조회할 수 있습니다.

• 파일

'파일' 객체는 '테이블' 객체와 함께 사용자가 가장 많이 활용하는 핵심 유형의 객체로써, 다양한 정보를 포함해야 합니다. '파일'의 목적과 내용에 대한 설명은 '비즈니스'탭에서 확인할 수 있고, '기술'탭에서는 해당 '파일' 객체가 보유한 '필드' 정보와 '데이터 리니지' 정보를 제공해야 합니다. (다음 '그림 23. 파일 객체 카탈로그 화면 예시' 참조.)

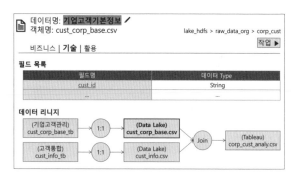

데이터명: **기업고객기본정보** ✎

객체명: cust_corp_base.csv

lake_hdfs > raw_data_org > corp_cust

비즈니스 | **기술** | 활용

작업 ▶

필드 목록

필드명	데이터 Type
cust_id	String
...	...

데이터 리니지

| (기업고객관리) cust_corp_base_tb | 1:1 | **(Data Lake) cust_corp_base.csv** | Join | (Tableau) corp_cust_analy.csv |
| (고객통합) cust_info_tb | 1:1 | (Data Lake) cust_info.csv | | |

그림 23. 파일 객체 카탈로그 화면 예시

그림과 같이 화면의 좌측 상단에는 '파일'을 의미하는 아이콘과 함께, '데이터명'과 '객체명'을 조회할 수 있고, '객체명' 우측에는 해당 '파일' 객체가 위치한 '파일시스템', '폴더', '하위 폴더'의 '객체명' 정보를 순서대로 제공합니다. '기술'탭의 상단에는 해당 '파일' 내의 필드 목록을 '필드명', 해당 필드의 '데이터 Type'과 함께 조회할 수 있으며, '필드명'을 클릭 시에는 해당 '필드'의 카탈로그 페이지로 이동할 수 있습니다. 하단에는 '데이터 리니지' 정보를 조회할 수 있으며, 데이터의 원천과 처리 과정, 활용처까지 확인할 수 있습니다. 사각형 모양의 객체 클릭 시, 해당 객체의 카탈로그 페이지로 이동 가능하며(Data Lake 내의 객체만 가능), 원형 모양의 프로세싱 클릭 시, 프로세싱을 수행한 쿼리 정보를 조회할 수 있습니다. '활용' 탭은 '테이블' 객체와 마찬가지로, 해당 파일을 활용한 쿼리, Data API, 보고서/대시보드 정보를 조회할 수 있습니다.

• 이벤트 메시지

'이벤트 메시지' 객체는 '데이터베이스' 혹은 '파일시스템'이 아닌 '데이터

Data Catalog 만들기

브로커(Data Broker)'라고 불리는 실시간 데이터 수집(Pub)과 동시 배포 (Sub) 체계를 갖춘 적재소입니다. 해당 '이벤트 메시지' 객체의 목적과, 내용에 대한 설명은 '비즈니스'탭에서 확인할 수 있고, '기술'탭에서는 해당 '이벤트 메시지' 객체가 보유한 '토픽(Topic)' 정보를 조회할 수 있습니다. '토픽' 객체는 '데이터베이스' 객체의 '테이블' 객체와 유사한 개념으로, '이벤트 메시지' 객체의 데이터 저장 단위로 이해할 수 있습니다. (다음 '그림 24. 이벤트 메시지 객체 카탈로그 화면 예시' 참조.)

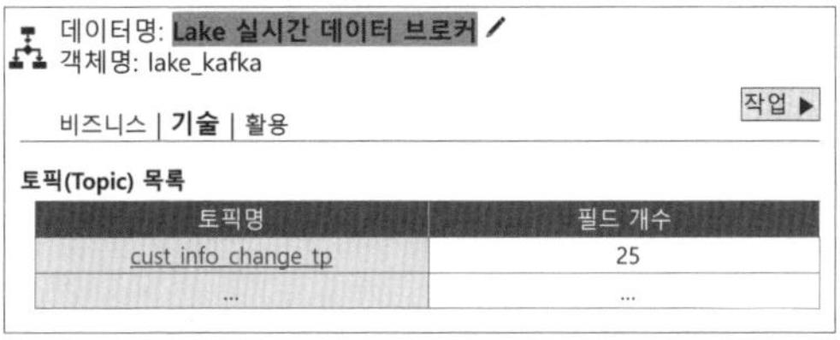

데이터명: **Lake 실시간 데이터 브로커** ✎
객체명: lake_kafka

비즈니스 | **기술** | 활용   작업 ▶

토픽(Topic) 목록

토픽명	필드 개수
cust_info_change_tp	25
...	...

그림 24. 이벤트 메시지 객체 카탈로그 화면 예시

그림과 같이 화면의 좌측 상단에는 '이벤트 메시지' 객체를 의미하는 아이콘과 함께, '데이터명'과 '객체명'을 조회할 수 있으며, '기술'탭에는 해당 '이벤트 메시지' 객체가 보유한 '토픽 목록' 정보를 확인할 수 있습니다. '토픽' 목록은 '토픽명', 해당 '토픽'이 보유한 '필드 개수'를 함께 조회할 수 있으며, '토픽명' 클릭 시, 해당 '토픽'의 카탈로그 페이지로 이동하여 상세한 정보를 조회할 수 있습니다.

• 토픽(Topic)

'토픽(Topic)' 객체는 '데이터베이스'의 '테이블'과 유사한 개념으로써,

'이벤트 메시지' 객체 내 데이터를 적재하는 단위입니다. '토픽' 객체에 대한 목적과 내용은 '비즈니스'탭에서 확인 가능하고, '기술'탭은 해당 '토픽'에 포함된 '필드'에 대한 정보와 '데이터 리니지'에 대한 정보를 제공해야합니다. (다음 '그림 25. 토픽 객체 카탈로그 화면 예시' 참조.)

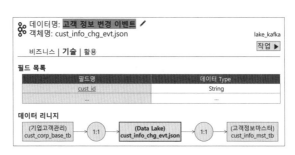

그림 25. 토픽 객체 카탈로그 화면 예시

그림과 같이 화면의 좌측 상단에 '토픽'을 의미하는 아이콘과 함께 '데이터명'과 '객체명'을 조회할 수 있으며, '객체명'의 우측에는 해당 '토픽' 객체가 속한 '이벤트 메시지'의 객체명을 조회할 수 있습니다. '기술'탭의 상단에는 해당 '토픽' 객체가 보유한 '필드' 목록을 '필드명'과 해당 '필드'의 '데이터 Type'과 함께 조회할 수 있습니다. '필드명' 클릭 시에는 해당 '필드' 객체의 카탈로그 페이지로 이동하여 세부적인 내용을 조회할 수 있습니다. 그 하단에는 '데이터 리니지' 정보를 조회할 수 있어, 해당 '토픽' 객체의 원천 시스템/객체와 Data Lake 내부의 객체, 활용 시스템/객체, 또한 그 처리 과정을 확인할 수 있습니다.

- **쿼리(SQL)**

‘쿼리(SQL)’ 객체는 원천 시스템으로부터 수집한 ‘Raw Data 객체’가 아닌 ‘사용자 생성 객체’입니다. 사용자가 ‘대화식 쿼리 서비스’에서 수행한 ‘쿼리’를 저장하여, 다른 사용자와의 공유를 위해 카탈로그에 배포함으로써 생성된 객체입니다. 이 ‘쿼리’가 어떤 목적으로 어떤 데이터를 조회하기 위한 SQL인지, 누가 작성하였는지 등에 대한 정보를 ‘비즈니스’탭에서 확인할 수 있습니다. (다음 ‘그림 26. 쿼리 객체 카탈로그 화면 예시-비즈니스탭’ 참조.)

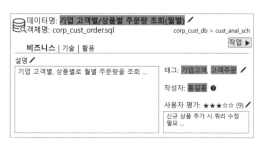

그림 26. 쿼리 객체 카탈로그 화면 예시-비즈니스탭

그림과 같이 화면의 좌측 상단에는 ‘쿼리’를 의미하는 아이콘과 함께, ‘데이터명’과 ‘객체명’을 조회할 수 있으며, ‘객체명’의 우측에는 해당 ‘쿼리’가 저장되어 있는 ‘데이터베이스’와 ‘스키마’의 ‘객체명’을 확인할 수 있습니다. ‘비즈니스’탭은 ‘설명’, ‘태그’, ‘사용자 평가/리뷰’란은 ‘Raw Data 객체’와 동일하나, ‘데이터 오너’와 ‘데이터 Steward’ 대신 ‘작성자’ 정보를 제공합니다. ‘작성자’는 해당 ‘쿼리’를 작성한 사용자를 의미하며, 이 ‘작성자’가 해당 객체의 ‘데이터 오너’이자 ‘데이터 Steward’의 역할을 수행합니다.

다음으로 '기술'탭에서는 해당 '쿼리' 객체의 'SQL문'을 확인할 수 있고, 해당 '쿼리'의 실행 횟수와 이를 활용한 사용자 수 등을 조회할 수 있습니다. (다음 '그림 27. 쿼리 객체 카탈로그 화면 예시-기술탭' 참조.)

그림 27. 쿼리 객체 카탈로그 화면 예시-기술탭

• Data API

'Data API' 객체 역시 '쿼리' 객체와 동일하게 '사용자 생성 객체'이며, '대화식 쿼리 서비스'에서 쿼리를 실행한 후, 매개변수를 지정하고, 'Data API'로 생성하여 카탈로그에 배포함으로써 생성됩니다. '비즈니스'탭에서는 해당 'Data API'에 대한 설명, 태그, 작성자, 사용자 평가 등의 정보를 확인할 수 있습니다. '기술'탭에서는 해당 'Data API'를 실행할 수 있는 URL, SQL문, 매개변수(Parameter), 실행 횟수 정보를 확인할 수 있습니다. (다음 '그림 28. Data API 객체 카탈로그 화면 예시' 참조.)

그림 28. Data API 객체 카탈로그 화면 예시

그림과 같이 화면의 좌측 상단에는 'Data API'를 의미하는 아이콘과 함께 '데이터명'과 '객체명'이 표시되고, '객체명' 우측에는 해당 'Data API'가 저장되어 있는 '데이터베이스'와 '스키마'의 '객체명' 정보를 순서대로 확인할 수 있습니다. '기술'탭 상단에는 해당 'Data API'를 실행할 수 있는 'URL 정보'와 그 하단에는 '쿼리 정보'를 조회할 수 있습니다. '쿼리 정보'는 'SQL 문'과 함께 해당 '쿼리'의 '매개변수(Parameter)', '실행 횟수'를 함께 확인할 수 있습니다.

• 보고서/대시보드

'보고서/대시보드' 객체는 Data Lake의 데이터를 활용하여 '데이터 분석 도구'를 통해 생성한 결과물인 '보고서/대시보드'를 카탈로그에 배포함으로써 생성된 '사용자 생성 객체'입니다. 다른 '사용자 생성 객체'와 유사하게 '비즈니스'탭에서는 데이터에 대한 '설명'과 '태그', '작성자', 사용자 평가/리뷰' 정보를 제공합니다. '기술'탭에서는 해당 '보고서/대시보드'에 대한 '썸네일(Thumbnail)' 이미지와 함께, 활용한 데이터 목록과 쿼리 정보를 제공합니다. (다음 '그림 29. 보고서/대시보드 객체 카탈로그 화면 예시' 참조.)

그림 29. 보고서/대시보드 객체 카탈로그 화면 예시

그림과 같이 화면의 좌측 상단에 '보고서/대시보드' 객체를 의미하는 아이콘과 함께, '데이터명'과 '객체명'을 확인할 수 있고, '객체명' 우측에는 해당 '보고서/대시보드' 객체가 Data Lake 내에 저장된 경로를 조회할 수 있습니다. 예시 화면에서는 'Data Lake HDFS'라는 '파일시스템' 내에 '가공 데이터 영역'이라는 폴더에 저장되어 있음을 알 수 있습니다. '기술'탭의 좌측에는 해당 '보고서/대시보드'의 썸네일 이미지와 함께, 해당 도구의 페이지로 직접 이동할 수 있는 URL에 대한 정보를 조회할 수 있습니다. 그 우측에는 해당 '보고서/대시보드' 생성을 위해 어떤 '데이터'를 활용했는지, 어떤 '쿼리'를 적용했는지 등을 확인할 수 있습니다. '데이터명' 혹은 '쿼리명'을 클릭하면 해당 카탈로그 페이지로 이동하여 세부적인 내용을 조회할 수 있습니다.

• 지식(Article)

'지식(Article)' 객체는 사용자의 데이터 분석 과정과 결과물 등의 데이터 분석과 관련된 '노하우(Know-how)'를 다른 사용자와 공유하기 위해 생성한 '사용자 생성 객체'입니다. '지식(Article)' 객체는 다양한 데이터 분석 언어(R, Python 등), 분석 도구(Jupyter Notebook, M/L 도구 등), 통계 도구(SPSS, SAS 등)에서 작업을 수행한 후, 분석 과정을 포함한 프로그램 소스 혹은 결과물을 카탈로그에 배포하면 생성됩니다. 물론 이를 위해서는 해당 데이터 분석 언어/도구에서 작업 내용을 외부로 내보내기(Export)할 수 있는 API를 제공하는 경우에만 가능합니다.

'비즈니스'탭에서는 다른 '사용자 생성 객체'와 마찬가지로 데이터에 대한 '설명', '태그', '작성자', '사용자 평가/리뷰' 정보를 조회할 수 있으며, '기술'탭에서는 '분석 과정', '분석 결과', '활용 데이터', '활용 쿼리' 정보 등을 확인할 수 있습니다. (다음 '그림 30. 지식(Article) 객체 카탈로그 화면 예시' 참조.)

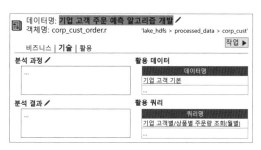

그림 30. 지식(Article) 객체 카탈로그 화면 예시

그림과 같이 화면의 좌측 상단에는 '지식' 객체를 의미하는 아이콘과 함께, '데이터명'과 '객체명'을 조회할 수 있으며, '객체명' 우측에는 해당 '지식' 객체가 저장되어 있는 Data Lake의 경로를 확인할 수 있습니다. '기술'

탭의 좌측에는 '분석 과정'과 '분석 결과'에 대한 내용을 조회할 수 있고, 우측에는 해당 분석을 위해 활용한 데이터와 쿼리를 조회할 수 있습니다. '데이터명' 혹은 '쿼리명' 클릭 시, 해당 카탈로그 페이지로 이동하여 상세한 내용을 확인할 수 있습니다.

1-3. 데이터 수집 요청(VoC)

'데이터 수집 요청' 기능은 사용자가 Data Lake 내에 실데이터 수집을 요청하거나, 카탈로그 큐레이션을 요청하는 'VoC(Voice of Customer)' 기능입니다. 사용자가 Data Catalog에서 데이터를 검색하였으나, 실데이터가 Data Lake에 적재되지 않아 활용할 수 없거나, 카탈로그 페이지가 큐레이션되지 않아 필요한 정보를 얻지 못하는 경우도 있습니다. 전사의 모든 실데이터를 Data Lake에 수집하는 것은 적재 용량상의 제한으로 인해 현실적으로 어렵기 때문에, 기간(3년)의 제약을 두거나 미활용 데이터를 삭제하기도 합니다. 또한 '데이터 Steward'는 카탈로그 큐레이션 대상 객체의 우선 순위를 선정하여 작업하므로, 일부 객체는 큐레이션 하지 못한 상태로 남아 있게 됩니다. 이때 사용자가 '실데이터 수집 요청' 혹은 '카탈로그 큐레이션 요청'을 통해 Data Catalog 운영자에게 요청하는 기능입니다.

이러한 기능 구현을 위해서는 Data Catalog는 전사의 메타데이터를 모두 수집하여 카탈로그 서비스를 제공해야 합니다. 그래야만 사용자는 최소한 어디에 어떤 데이터가 있는지 정도는 알 수 있습니다. 물론 모든 메타데이터를 큐레이션하여 카탈로그화하는 것은 어려운 일이나, 최소한의

'기술 메타데이터'를 수집하는 것은 자동화로 처리 가능할 것입니다.

사용자는 두 가지를 요청할 수 있습니다. 첫 번째는 해당 데이터의 카탈로그 큐레이션, 즉 '비즈니스 메타데이터'를 입력하도록 '데이터 Steward'에 요청하는 것이고, 두 번째는 실데이터를 Data Lake에 수집하도록 IT 담당자에 요청하는 것입니다. (다음 '그림 31. 데이터 수집 요청 기능 화면 예시' 참조.)

그림 31. 데이터 수집 요청 기능 화면 예시

그림의 예시 화면은 '테이블' 객체의 카탈로그 페이지입니다. 해당 '객체'는 '데이터명', '설명', '태그' 등의 '비즈니스 메타데이터'의 대부분의 항목이 비어 있으나, '객체명', '데이터 오너', '데이터 Steward' 정보는 입력되어 있습니다. 이 경우 사용자는 이 데이터가 어떤 목적의 데이터이고, 어떤 내용을 담고 있고, 언제 어떻게 활용할 수 있는지 알 수 없습니다. 따라서 사용자는 카탈로그 큐레이션 요청을 위해 우측 상단의 '작업' 버튼을 클릭하고, 이후 나타나는 '메뉴' 중 '카탈로그 큐레이션 요청'을 선택하여, '데이터 Steward'에게 큐레이션 요청을 하게 됩니다. 혹은 '메뉴' 중 '실데이터 수집 요청'을 선택하여 실데이터를 Data Lake에 적재하여 활용할 수 있도록 요청할 수 있습니다. 실데이터의 Data Lake 적재 여부는 '기술'탭의 '데이터 리니지' 정보를 통해 확인 가능합니다.

1-4. 데이터 질의응답

'데이터 질의응답' 기능은 카탈로그에 있는 정보만으로는 사용자가 해당 객체에 대해 필요한 정보를 획득할 수 없을 경우 추가로 담당자에게 문의하는 기능입니다. 데이터에 대한 비즈니스 의미나, 데이터 생성 규칙/과정 등에 대한 내용은 '데이터 오너'에게 질의하고, 데이터의 활용에 관해 문의하고 싶은 경우는 '인기 사용자'에게 문의합니다. 그 외 카탈로그에 기재된 내용에 대한 질의, 데이터 품질에 대한 문의, 건의사항 등에 대한 내용은 '데이터 Steward'에게 질의합니다. (다음 '그림 32. 데이터 질의응답 기능 화면 예시' 참조.)

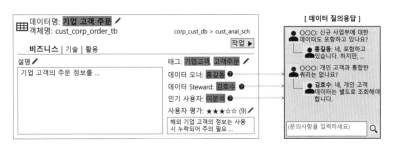

그림 32. 데이터 질의응답 기능 화면 예시

그림과 같이 좌측 카탈로그 예시 화면에는 '데이터 오너', '데이터 Steward', '인기 사용자' 정보를 조회할 수 있으며, 각 담당자에게 문의하고 싶을 경우, 해당 이름 우측의 '물음표' 아이콘을 클릭합니다. 그러면 '데이터 질의응답' 화면이 나타나고 그 동안에 해당 '데이터 객체'에 대해 질의하고 응답했던 내용을 조회할 수 있으며, 자신이 질의할 내용을 하단에 입력할 수 있습니다. SNS 트위터와 유사한 형태이며, 하단 우측의 돋보기 아이콘을 클릭하여 기존의 질의응답 내용을 키워드로 검색할 수도 있습니다.

1-5. 카탈로그 큐레이션

'카탈로그 큐레이션' 기능은 '데이터 Steward' 혹은 '사용자'가 카탈로그 페이지에 메타데이터를 입력하는 기능으로 크게 세 가지 기능으로 구분할 수 있습니다. 첫 번째는 **'카탈로그 Agent'가 추천한 정보를 확인하고 수정**하는 기능입니다. '카탈로그 Agent'는 '데이터 Steward'의 큐레이션 업무를 지원하기 위해, 기존의 메타데이터 정보를 분석하여 '데이터명', '태그', '데이터 리니지' 정보를 추천하며, '데이터 Steward'는 이 추천 정보를 확인 후 수정합니다. (다음 '그림 33. 카탈로그 Agent의 메타데이터 추천 기능' 참조.)

그림 33. 카탈로그 Agent의 메타데이터 추천 기능

그림과 같이 화면의 좌측 상단의 '데이터명'은 '카탈로그 Agent'가 추천한 정보로써, 점선 상자 내에 회색 글자로 되어 있고, 그 우측에 예측 정확도가 있으며, 그 우측에는 '확인'을 의미하는 아이콘과, '수정'을 의미하는 아이콘이 있습니다. 이를 '데이터 Steward'가 '확인' 또는 '수정'하게 되면, 그림의 우측과 같이 진한 검은색의 글자로 바뀌고, 점선 상자도 사라지게 되며, '확인' 아이콘도 없어집니다. 이렇게 '데이터 Steward'가 입력한 내용은 '카탈로그 Agent'의 추천 로직에 피드백하여 다시 '기계 학습(Machine Learning)'이 이루어집니다.

두 번째는 '카탈로그 Agent'의 추천 없이 **순수하게 사용자가 입력**하는 기능입니다. '비즈니스'탭의 '설명', '사용자 평가/리뷰'란은 별도의 추천 정보 없이 '데이터 Steward' 혹은 '사용자'가 순수하게 입력해야 하는 정보입니다.

세 번째는 동일/유사 '데이터 객체'를 검색하여 **한 번에 메타데이터를 수정**하는 기능입니다. 기업 내에는 동일한 '데이터 객체'가 존재하는 경우가 많이 있습니다. 예를 들어, '고객'과 관련된 '테이블' 내에는 모두 '고객 ID'를 의미하는 '컬럼'이 포함되어 있을 가능성이 높습니다. 아마도 수십 개의 '컬럼'이 존재할 것이며, 해당 '데이터 Steward'는 모든 '컬럼'을 일일이 찾아서 입력해야 하는 번거로움이 있습니다. 어떤 경우에는 수백 번의 동일한 입력 작업을 해야 할 경우도 있을 것입니다. 이러한 경우를 위해 동일/유사 '데이터 객체'를 검색하고, 검색 결과를 확인하여 불필요한 건을 제외한 후, 메타데이터를 입력하면 모든 정보가 한 번에 반영되는 기능이 필요합니다. (다음 '그림 34. 카탈로그 큐레이션 지원 기능 예시' 참조.)

그림 34. 카탈로그 큐레이션 지원 기능 예시

그림의 예시와 같이, 먼저 카탈로그 큐레이션 대상 객체를 검색합니다 (그림의 좌측 영역). '데이터 객체 유형(데이터베이스 등)'을 선택하고, 선택한 객체의 '세부 데이터 객체(테이블 등)'를 선택 후, '검색 항목(객체명 등)'을 선택합니다. 그 하단에는 '검색 항목'에 포함/제외할 단어, 시작/종료하는 단어를 입력합니다. 다음으로 검색 결과를 확인하고, 포함/제외 여부를 결정합니다(그림의 중앙부). 그 후에는 대상 객체에 대해 '데이터명', '설명', '태그', '사용 시 주의사항' 등의 항목을 입력합니다. 단, '사용 시 주의사항'은 카탈로그 페이지의 '사용자 리뷰' 항목에서 조회 가능합니다. 입력한 후에는 선택한 모든 객체의 정보 항목을 동시에 업데이트합니다.

1-6. 실데이터 조회

실데이터의 조회는 '대화식 쿼리 서비스'를 이용하여 수행합니다. 카탈로그 페이지에서 '작업' 버튼 클릭 후, '실데이터 조회' 메뉴를 선택하면, '대화식 쿼리 서비스' 모드로 전환합니다. 일부 솔루션은 '대화식 쿼리 서비스'를 Data Catalo 내에 포함하고 있으나, 일부 솔루션은 포함하고 있지 않습니다. 본 책은 포함하고 있는 것을 가정하고 설명하겠습니다. (다음 '그림 35. 대화식 쿼리 서비스 Layout 예시' 참조.)

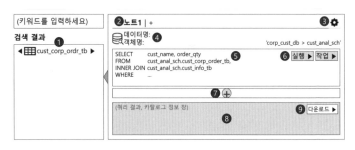

그림 35. 대화식 쿼리 서비스 Layout 예시

그림과 같이, 화면의 좌측에는 '데이터 객체'를 검색할 수 있으며(1), 현재 선택한 '테이블' 객체에서 우측 삼각형 아이콘을 누르면, 해당 '테이블' 객체가 보유하고 있는 '컬럼' 객체가 나타나고, 좌측 삼각형 아이콘을 선택하면 해당 '테이블' 객체가 속해 있는 '스키마', '데이터베이스'를 순차적으로 조회할 수 있습니다. 즉, 트리(Tree) 구조의 '데이터 유형 카테고리 검색' 기능을 활용하여 '데이터 객체'를 검색합니다.

우측 콘텐츠 영역의 좌측 상단에는 현재 작성 중인 노트의 제목인 '노트1'이 조회되고, 그 우측의 '+'를 클릭하면 새로운 노트를 작성할 수 있는 '탭(Tab)'이 생성되면서 해당 탭으로 이동합니다(2). 그 우측의 '환경설정' 아이콘을 클릭하면, 쿼리의 실행엔진(Interpreter)을 선택(Hive, Impala, Oracle 등)할 수 있습니다(3).

노트 제목의 하단에는 '쿼리' 객체를 의미하는 아이콘과 함께 '데이터명', '객체명'을 조회할 수 있습니다(4). 이 정보는 현재 비어(Null) 있으나, 쿼리를 저장하거나 카탈로그에 배포 시에는 입력해야 합니다. '객체명' 우측에는 현재 '쿼리' 객체가 위치한 계층구조(Hierarchy)인 '데이터베이스'와 '스키마'의 '객체명'을 조회할 수 있습니다.

콘텐츠 영역의 중앙부는 사용자가 쿼리를 작성할 수 있는 영역입니다 (5). 쿼리를 작성 시에는 사용자가 쿼리를 편리하게 작성할 수 있도록 지원하는 기능이 필요합니다. 첫 번째, **'키워드'를 추천**하는 기능입니다. 'SELECT', 'FROM', 'JOIN', 'WHERE' 등의 키워드가 필요한 위치에 커서가 이동했을 때, 해당 키워드를 추천함으로써 입력을 돕는 기능입니다. 이는 쿼리에 익숙하지 않은 일반 사용자를 위한 기능입니다.

두 번째, **'테이블', '컬럼'의 자동 입력을 지원**하는 기능입니다. '키워드'를 입력한 다음에는 '테이블', '컬럼'을 입력해야 합니다. 이때 어떤 '테이블', '컬럼'이 입력되어야 하는지를 예측하여 목록을 제공합니다. 그러면 사용자는 수작업으로 일일이 입력할 필요 없이 목록 중 하나를 선택하면 됩니다. 예를 들어, 'SELECT' 다음에는 '컬럼'을 입력해야 하는데, 'FROM' 다음에 위치한 '테이블'을 인식하여 해당 '테이블'의 '컬럼' 목록을 제공하는 것입니다. 또는 'JOIN' 다음에는 Join을 수행할 '테이블'을 입력해야 하는데, 이 역시 'FROM' 다음에 위치한 '테이블'을 인식하여 해당 '테이블'과 자주 Join하는 '테이블' 목록을 제공하는 것입니다(쿼리 로그 분석을 통해). 'WHERE' 다음의 조건절 역시 쿼리 로그 분석을 통해 해당 '테이블' 객체에서 자주 활용되는 조건 정보 목록을 제공합니다.

세 번째, **'테이블', '컬럼'의 카탈로그 정보를 쿼리의 하단부에 제공**하는 기능입니다(8). 쿼리를 작성하면서 '테이블'과 '컬럼'에 대한 이해를 위해 카탈로그 정보를 수시로 조회해야 합니다. 이 경우 카탈로그 페이지로 이동해서 조회하고 다시 '대화식 쿼리 서비스'로 이동해야 하므로 사용자가 불편할 수 있습니다. 따라서 선택한 '테이블', '컬럼'에 대한 정보를 쿼리의 하단부에 제공함으로써, 카탈로그 페이지에 이동할 필요 없이 카탈로그 정보를 조회하면서 계속해서 쿼리를 작성할 수 있습니다.

쿼리를 작성한 후 쿼리 작성 영역 우측 상단의 '실행' 버튼을 클릭하면 쿼리가 실행되고, 실행한 결과 데이터가 하단에 나타납니다(8). 실행 결과창 우측 상단의 '다운로드' 버튼을 클릭하면, 데이터를 사용자의 '로컬 PC' 혹은 Data Lake의 '작업 데이터 영역'(사용자별/부서별/프로젝트별로 구분)으로 다운로드할 수 있습니다(9).

또한 쿼리 작성 영역 우측 상단의 '작업' 버튼을 선택하면, '쿼리 저장', '카탈로그 배포', '실행 스케줄러', 'REST API 생성', '데이터 전처리', '데이터 분석' 메뉴가 나타나고 이 중 한 가지 작업을 선택할 수 있습니다(6). '쿼리 저장'을 선택하면, '데이터명', '객체명'을 입력할 수 있는 창이 나타나고, 입력한 후에는 화면에 '데이터명', '객체명'이 표시됩니다(4). '카탈로그 배포'를 선택하면, '데이터명', '객체명'과 함께, '설명', '태그' 정보를 추가로 입력해야 하며, 입력 완료 후에는 다른 사용자가 카탈로그 검색을 통해 조회할 수 있게 됩니다. 그리고 'REST API 생성'을 선택하면, 해당 API를 실행할 수 있는 URL이 생성되어 조회되고, 역시 '데이터명', '객체명', '설명', '태그' 정보를 입력할 수 있는 창이 나타나며, 입력 완료 후에는 카탈로그에 배포되어 검색이 가능해집니다.

쿼리 작성 영역 하단의 '+' 버튼을 선택하면 쿼리를 작성할 수 있는 영역이 추가로 생성되며(7), 여러 개의 쿼리가 하나의 노트가 되는 구조입니다. '대화식 쿼리 서비스'에 대해 요약하면, 실데이터를 조회하고 다운로

90

드할 수 있으며, 작성한 쿼리와 Data API를 카탈로그에 배포하여 다른 사용자와 공유할 수 있는 기능을 갖추고 있습니다.

1-7. 실행 스케줄러

사용자가 작성한 쿼리와 Data API는 '실행 스케줄러'를 통해 주기적으로 실행할 수 있습니다. 실행한 결과 데이터는 '로컬 PC' 혹은 Data Lake의 '작업 데이터 영역'으로 다운로드할 수도 있고, 사용자가 지정한 위치로 전송할 수도 있습니다. (다음 '그림 36. 실행 스케줄러 화면 예시' 참조.)

그림 36. 실행 스케줄러 화면 예시

그림의 예시와 같이, 해당 '쿼리' 또는 'Data API'의 실행 주기를 화면의 상단에서 선택한 후, 결과 데이터를 저장할 위치를 선택합니다. 결과 데이터 저장 위치를 '타깃 위치 전송'으로 선택 시, 타깃 데이터베이스에 대한 정보를 입력할 수 있는 하단부가 활성화되어 입력할 수 있게 됩니다. 먼저 해당 데이터베이스의 'IP 주소'를 입력하고(물론 그 전에 Data Catalog와 해당 데이터베이스 간에 방화벽 해제가 필요합니다), 연결을 위한 '데이터베이스 인터페이스(ODBC, JDBC 등) 방식'을 선택합니다. 그 하단에는 해당 데이터베이스에 접속을 위한 '사용자 ID'와 '패스워드'를 입력합니다(사용자는 해당 데이터베이스 관리자와 사전 협의 필요). 이와 같이 사용자가 원하는 주기로 '쿼리' 혹은 'Data API'를 실행시켜 그 결과를 타깃 위치에 전송할 수 있습니다.

1-8. 데이터 전처리 도구와의 연계

'데이터 전처리 도구'란 데이터를 프로파일링하고 정제하고 가공 또는 병합을 처리하는 도구를 의미합니다. 통상 사용자가 직접 데이터를 준비한다는 의미로 'Self-Service Data Preparation Tool' 혹은 'Data Wrangling Tool'이라고도 불립니다(Paxata, Trifacta 등). '데이터 전처리 도구'를 편리하게 이용하기 위해서는 Data Catalog에서 다운로드한 데이터를 간편하게 연계하고, 또한 전처리한 결과 데이터를 Data Catalog에 다시 배포할 수 있어야 합니다. (다음 '그림 37. 데이터 전처리 도구와의 연계' 참조.)

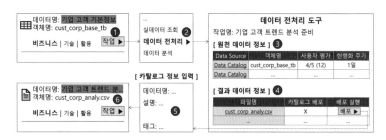

그림 37. 데이터 전처리 도구와의 연계

그림과 같이, 먼저 카탈로그 페이지에서 우측 '작업' 버튼(1)을 클릭하면 (그림의 좌측 상단 부분), 해당 객체를 활용하여 처리할 수 있는 작업 목록이 나타나며, 이 중 '데이터 전처리'를 선택(2)합니다(그림의 중간 상단 부분). 만약, 전처리 도구가 여러 개 있을 경우 이 중 하나를 선택하면, 해당 데이터가 Data Lake의 '작업 데이터 영역'으로 이동(복사)되고, '데이터 전처리 도구'가 실행되어 해당 데이터와 자동으로 연결됩니다. '데이터 전처리 도구'에서는 '원천 데이터 정보'란(3)에 Data Catalog로부터 수집한 데이터에 대한 정보를 조회할 수 있으며, '객체명', '사용자 평가', '현행화 주기' 등을 확인할 수 있습니다(그림의 우측 부분).

데이터 전처리 작업 후에는 '결과 데이터 정보'란(4)에서 '파일명', '카탈로그 배포 여부' 정보를 확인할 수 있으며, 배포되지 않은 데이터에 대해 카탈로그 배포를 실행할 수 있습니다. '배포' 버튼을 클릭하면, '카탈로그 정보 입력'창(5)이 실행되고(그림의 중간 하단 부분), '데이터명', '설명', '태그' 정보를 입력한 후, 카탈로그에 배포가 이루어집니다. 카탈로그에 배포한 후에는 해당 '파일' 객체에 대한 카탈로그 페이지(6)가 생성되고(그림의 좌측 하단 부분), 다른 사용자들이 해당 데이터를 검색하고 조회할 수 있게 됩니다. 단, '데이터 전처리 도구'에서 이러한 연계를 위한 API를 제공할 때 기능 구현이 가능하므로, 해당 벤더를 통한 확인이 필요합니다.

1-9. 데이터 분석 도구와의 연계

'데이터 분석 도구'는 다양한 방식으로 데이터를 조합, 가공, 병합하여 데이터에 대한 의미(Insight)를 분석하는 작업을 하는 도구를 의미합니다.

R, Python 등의 '데이터 분석 언어', SPSS, MATLAB, SAS 등의 '통계/마이닝 도구', Sand-box, Jupyter Notebook 등의 '데이터 분석 환경', PyTorch, TensorFlow 등의 '기계 학습 도구', Tableau, QlikView 등 '리포트/대시보드 도구'와 같은 다양한 분석 언어와 도구를 포함합니다. '데이터 분석 도구'를 편리하게 이용하기 위해서는 Data Catalog에서 다운로드한 데이터를 간편하게 연계하고, 또한 분석한 과정(프로그램 소스 등)과 결과물을 Data Catalog에 다시 배포할 수 있어야 합니다. (다음 '그림 38. 데이터 분석 도구와의 연계' 참조.)

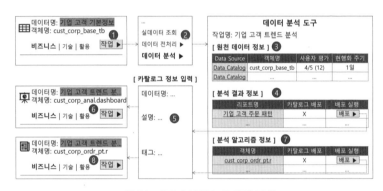

그림 38. 데이터 분석 도구와의 연계

그림의 좌측 상단의 카탈로그 페이지에서 '작업' 버튼을 클릭하면(1), 해당 객체에 대해 처리 가능한 작업 메뉴가 나타나고, 이 중 '데이터 분석'을 선택하면(2), 데이터 분석 도구 목록이 나타납니다. 도구 중 하나를 선택하면, 해당 데이터를 Data Lake의 '작업 데이터 영역'으로 이동(복사)하고, 선택한 분석 도구가 실행되면서 '작업 데이터 영역'의 데이터와 자동으로 연계됩니다. '데이터 분석 도구'에서는 '원천 데이터 정보'란(3)에 Data

Catalog를 통해 연계한 데이터의 '객체명', '사용자 평가', '현행화 주기' 등이 나타납니다. 데이터 분석 수행 후, '분석 결과 정보'란(4)에 분석 결과 '리포트명(혹은 데이터명)'과 '카탈로그 배포' 여부가 표시되고, '배포' 버튼을 클릭하면 카탈로그로 배포가 실행됩니다. 카탈로그로 배포를 위해서는 '카탈로그 정보 입력'창(5)에서 '데이터명', '설명', '태그' 등을 입력해야 하며, 입력 완료하여 배포 후에는 카탈로그에서 검색과 조회가 가능해집니다. 카탈로그에서 해당 객체를 조회하면, '리포트/대시보드' 객체를 나타내는 아이콘과 함께 '데이터명', '객체명' 등의 메타데이터를 조회할 수 있습니다(6).

또한 데이터 분석 결과뿐만 아니라 분석 과정(알고리즘) 정보도 카탈로그로 배포가 가능합니다. '분석 결과 정보' 하단에 '분석 알고리즘 정보'란(7)에는 '객체명(파일명)'과 '카탈로그 배포 여부'를 조회할 수 있으며, '배포' 버튼을 클릭하면 카탈로그로의 배포가 실행됩니다. '데이터 분석 결과'와 마찬가지로 카탈로그로의 배포를 위해서는 '데이터명', '설명', '태그' 등의 메타데이터를 입력(5)해야 하고, 입력 후에는 카탈로그에서 검색과 조회가 가능합니다. 분석 알고리즘과 같은 분석 과정 정보는 카탈로그에 '지식(Article)' 객체로 생성되며, 카탈로그 페이지(8)를 통해 상세한 정보를 조회할 수 있습니다(그림의 좌측 하단부).

1-10. 용어사전 관리

'용어사전 관리'는 기업에서 사용하는 다양한 비즈니스/기술 용어를 등록하고 관리하는 기능으로, 기업의 다양한 전문 용어를 모든 구성원이 알기 어려우므로, 이를 공유하고자 함이 목적입니다. Data Catalog에서는 특히 '설명'란에 전문 용어가 많이 등장하며, 해당 용어에 대한 '용어사전 관리'로의 링크를 통해 이동 후 상세한 정의를 확인할 수 있습니다. (다음 '그림 39. 용어사전 관리 기능' 참조.)

그림 39. 용어사전 관리 기능

그림의 좌측 카탈로그 페이지의 '설명'란에는 'ADAS'라는 전문 용어가 있고, 이 용어에는 링크가 생성되어 있습니다. 이와 같이 '설명'란은 단순히 텍스트만 등록하는 것이 아니라, 링크 생성, 파일 등록 등의 다양한 기능이 있어야 합니다. 이 링크를 클릭하여 우측의 '비즈니스 용어사전'으로 이동하면, 해당 용어에 대한 '정의', '작성자', '조회수' 등의 정보를 조회할 수 있습니다. 사용자는 용어 우측의 '수정' 아이콘을 클릭하여 해당 용어의 정의를 수정할 수 있으며, 우측 상단의 '신규' 버튼을 클릭하여 새로운 용어를 등록할 수도 있습니다. 또한 '비즈니스 용어사전'뿐만 아니라 'IT 기술 용어사전' 등 다양한 용어사전을 만들어 관리할 수도 있습니다.

Data Catalog 만들기

1-11. My Catalog

'My Catalog'는 사용자의 Data Catalog 활용 활동을 요약하여 보여 주는 기능입니다. 사용자가 카탈로그를 검색하는 활동에서부터 카탈로그를 조회하고, 카탈로그에 정보를 등록하고, 데이터 수집을 요청하고, 데이터에 대해 질의응답하고, 실데이터를 조회하고, 다운로드하고, Data API를 생성/실행하고, 카탈로그에 '사용자 생성 객체'를 등록/배포하기까지의 모든 Data Catalog 활용 활동에 대한 통계를 보여 줍니다. 또한 이러한 사용자별 활동을 다른 사용자와 비교하여 보여 주기도 합니다. 이는 Data Catalog 활용 활성화를 위한 '게임화(Gamification)' 도입의 하나의 예시입니다. (다음 '그림 40. Data Catalog의 개인별 대시보드 예시' 참조.)

그림 40. Data Catalog의 개인별 대시보드 예시

그림은 사용자 '김호수' 님의 'Data Catalog 활용 대시보드'를 예시적으로 구성한 화면입니다. 최상단에는 사용자의 카탈로그 활용을 종합한 총점과, 총점을 다른 사용자들과 비교했을 때의 순위를 조회할 수 있습니다. 그 하단에는 개별 기능별로 사용자가 활동/작업한 건수를 조회할 수 있고, 각 건수를 클릭하면 상세한 이력을 조회할 수 있습니다. 사용자는 자

신의 활동을 확인하고, 최근에 했던 작업을 이어서 할 수도 있고, 예전에 했던 작업을 찾아 다시 활용할 수도 있을 것입니다. 또한 자신의 활용 스코어를 확인하고, 자극을 받기도 할 것입니다.

2. Back-End 기능

'Back-End 기능'은 사용자가 직접 활용하지는 않지만, Data Catalog 서비스를 위해 백그라운드에서 수행되어야 하는 기능입니다. 이러한 기능이 제대로 작동하지 않는다면 Data Catalog 서비스가 정상적으로 동작하지 않을 것입니다. 'Back-End 기능'은 메타데이터를 수집하고 사용자에게 추천하는 기능, '데이터 프로파일링'을 수행한 후 사용자에게 제공하는 기능, 검색엔진의 색인(Index)을 생성하는 기능, 쿼리 로그를 수집하고 파싱(Parsing)하여 사용자의 활용 패턴을 분석하는 기능, 데이터의 활용 현황을 집계하여 사용자에게 제공하는 기능, 데이터에 대한 주기적인 가공/이동/폐기 등을 수행하는 배치 처리 기능, 민감 데이터의 비식별화/마스킹/암호화 등을 처리하는 기능으로 구성됩니다.

2-1. 메타데이터 수집

'메타데이터 수집'은 전사 시스템의 '기술 메타데이터'(테이블명, 컬럼명 등)를 수집하여 Data Catalog의 '메타데이터 데이터베이스'에 적재하는 기능입니다. 이러한 기본적인 '기술 메타데이터'가 수집된 이후에 '카탈로그 Agent'가 비즈니스 메타데이터를 생성(추천)하고, '데이터 Steward'가 카탈로그를 큐레이션하는 작업이 이루어집니다.

대부분의 규모가 있는 기업은 '전사 아키텍처(Enterprise Architecture)' 관리 체계 중 하나로 '데이터 아키텍처(Data Architecture: DA)' 관리 시스템을 구축하였을 것입니다. 이를 '메타데이터 관리 시스템'이라고 부르는 곳도 있고 '전사 DA 시스템'이라 부르는 곳도 있습니다. 이 '전사 DA 시스템'은 전사 시스템의 메타데이터 정보와 함께 모델링 정보, 관리 규칙/표준 정보 등을 담고 있어, 이 시스템으로부터 메타데이터를 수집하는 방법이 있을 것입니다. 몇 가지 주의할 사항이 있습니다.

첫 번째, **'전사 DA 시스템'의 관리 대상**을 확인해야 합니다. 통상 '전사 DA 시스템'은 '관계형 데이터베이스'만을 대상으로 하고 있습니다. 하지만 Data Catalog는 '관계형 데이터베이스'뿐만 아니라 NoSQL 데이터베이스, 파일시스템, 이벤트 메시지 등의 Raw Data에 대해서도 메타데이터를 수집해야 합니다. 따라서 '관계형 데이터베이스'의 메타데이터는 '전사 DA 시스템'을 통해 수집하고, 그 외 유형은 해당 시스템으로부터 직접 메타데이터를 수집해야 할 것입니다.

두 번째, **'전사 DA 시스템'의 메타데이터에 대한 지속적인 현행화**가 이루어지고 있는지 확인해야 합니다. 통상 최초 시스템 구축 시에는 사내 데이터 거버넌스 정책에 따라 '전사 DA 시스템'에서 모델링을 수행하고, 전사 표준에 따라 메타데이터를 정의하는 작업을 합니다. 하지만 구축 완료 후 지속적으로 시스템을 변경/업그레이드함에 따라 '전사 DA 시스템'에 모델링과 메타데이터의 현행화가 이루어지지 않는 경우가 허다합니다. 사실상 한정된 운영 인력으로 급하게 변경 처리하는 경우가 잦고, '전사 DA 시스템'의 현행화를 엄격하게 관리하지 않기 때문에 어쩌면 당연한 결과일 것입니다. 따라서 이 같은 현행화가 잘 이루어지지 않을 경우는 '전사 DA 시스템'이 아닌 원천 시스템에서 직접 메타데이터를 수집하고 시간 혹은 일 단위의 현행화 배치 처리가 이루어지도록 해야 할 것입니다. 실시간 수집 데이터의 경우에는 이 같은 배치 처리보다는 원천 시스템에서 Data Catalog로 직접 'Push' 방식으로 현행화하는 방안이 더 적절할 것입니다. Data Lake에서는 변경 내용을 늦게 파악할 것이고, 이로 인한 오류가 발생할 가능성이 높기 때문입니다.

또한 원천 시스템의 Raw Data뿐만 아니라 사용자 가공 데이터, 즉 '사용자 생성 객체'(쿼리, Data API, 보고서/대시보드, 지식)에 대해서도 메타데이터를 수집해야 합니다. 이 '사용자 생성 객체'는 사용자가 Data Catalog로 해당 객체를 배포하는 시점에 필요한 메타데이터에 대한 입력을 받고, 해당 도구에서 제공하는 API를 이용하고, 첨부 파일로부터 메타데이터를 추출하는 방식으로 처리해야 합니다. 각 '사용자 생성 객체'에 대한 메타데이터 수집 방안을 살펴보겠습니다.

첫 번째, '**쿼리**' 객체의 경우, '대화식 쿼리 서비스'에서 쿼리 작성 후 카탈로그 배포 시, 작성한 SQL문(파일 확장자 'sql') 정보와 함께 '객체명(파일명)', '데이터명', '설명', '태그' 등의 정보를 입력 받아 '메타데이터 데이터베이스'에 저장합니다.

두 번째, '**Data API**' 객체의 경우도 '대화식 쿼리 서비스'에서 쿼리를 작성하고 'Data API 생성' 후, 생성된 URL 정보와 작성한 SQL문과 '매개변수(Parameter)' 정보를 포함하여 파일(파일 확장자가 'json')로 저장하고, '객체명(파일명)', '데이터명', '설명', '태그' 등의 입력을 받아 '메타데이터 데이터베이스'에 저장합니다.

세 번째, '**보고서/대시보드**' 객체는 '데이터 분석 도구'에서 데이터를 분석한 결과물(보고서/대시보드 파일)의 '객체명(파일명)', '데이터명', '설명', '태그' 정보를 사용자로부터 입력 받고, 썸네일 이미지와 해당 URL, 활용 데이터, 활용 쿼리 정보는 해당 도구에서 제공하는 API를 통해 확보하여 '메타데이터 데이터베이스'에 저장합니다.

네 번째, '**지식(Article)**' 객체 역시 '데이터 분석 도구/언어/환경'에서 데이터 분석 수행 후에, 분석 과정 및 결과물(프로그램 소스 등)의 '객체명(파일명)', '데이터명', '설명', '태그' 등을 사용자로부터 입력 받습니다. 또한 분석 과정에서 활용한 데이터, 쿼리 등은 해당 도구에서 제공하는 API를 통해 확보하여 '메타데이터 데이터베이스'에 저장합니다. 만약 해당 도구에서 그러한 API를 제공하지 않는 경우 해당 벤더의 담당자에게 문의하거나 추가를 요청하고, 벤더의 대응이 완료되기 전까지는 수작업으로 입력해야 할 수도 있습니다.

추가적으로 검토해야 할 사항은 '**메타데이터 데이터베이스**'의 유형입니다. 일반적인 Oracle 등의 '관계형 데이터베이스'로 대응이 가능할지 아니면 빅데이터용 'NoSQL 데이터베이스'를 이용해야 할지, NoSQL은 어떤 유형으로 선택해야 할지를 고민해야 합니다. 이 '메타데이터 데이터베이스'의 유형 결정을 위해 몇 가지 고려할 사항이 있습니다.

첫 번째, **다양한 '데이터 객체'를 포함**해야 합니다. 데이터베이스, 테이블, 컬럼과 같은 정형화된 형태의 객체뿐만 아니라, 다양한 유형의 파일 (CSV, JSON, XML 등), 이벤트 메시지, 쿼리, Data API, 보고서/대시보드,

지식(Article) 등을 모두 포함할 수 있어야 합니다. 각 '데이터 객체' 유형이 관리해야 할 메타데이터 정보가 조금씩 상이하고, 향후에 추가/변경될 가능성이 높아 유연한 데이터 구조를 보유해야 합니다.

두 번째, **다양한 유형의 메타데이터를 저장**해야 합니다. '데이터명', '태그', '데이터 오너', '데이터 Steward', '사용자 평가/리뷰' 등과 같은 단순한 텍스트 유형의 데이터도 있으나, '설명'란은 Data Catalog 내/외부로의 링크를 포함하거나, 글자 크기, 폰트 변경 등 포맷팅(Formatting) 정보를 포함할 수 있어야 하고, 이미지 혹은 첨부 파일도 추가할 수 있어야 합니다. 또한 '데이터 프로파일링' 결과를 담을 수 있도록 통계, 그래프 형태의 데이터도 포함할 수 있어야 하고, '데이터 리니지'와 같이 '데이터 객체' 간의 관계를 포함할 수도 있어야 합니다.

세 번째, 생각보다 **큰 메타데이터의 용량**이 필요할 수도 있습니다. 전사의 원천 시스템에서 포함하고 있는 '데이터 객체'의 숫자는 수십만 개에서 수백만 개에 달할 수 있습니다. 일반적인 IT 담당자들의 생각처럼 '테이블'의 개수 정도만 생각한다면 큰 오산입니다. '데이터베이스'에서부터 '스키마', '테이블', '컬럼'까지 모두 카탈로그화 대상 객체이며, '파일시스템' 내의 '폴더', '파일'도 모두 포함합니다. 또한 '이벤트 메시지', 'Topic' 등의 '원천 데이터 객체'에 추가하여 '사용자 생성 객체'까지도 카탈로그화 대상입니다. 특히 '사용자 생성 객체'는 사용자들의 Data Catalog 활용에 따라 갈수록 증가하여 추후에는 '원천 데이터 객체' 수를 초과할 수도 있습니다. 사용자별로 수행한 쿼리, 생성한 Data API, 보고서/대시보드, 지식(Article)까지 수시로 Data Catalog에 배포한다고 하면, 이 수는 기하급수적으로 늘어날 수 있습니다. 또한 각 '컬럼' 또는 '필드' 객체에 대한 '데이터 프로파일링' 결과 데이터, 각 '테이블' 또는 '파일' 객체에 대한 '데이터 리니지' 데이터의 용량도 고려해야 합니다. 추가적으로 개별 사용자들의 Data Catalog의 각 기능에 대한 활용 로그에 대한 용량도 포함해야 합니다.

　네 번째, **빅데이터 플랫폼과 다양한 '데이터 전처리/분석 도구'와의 호환/연계**를 고려해야 합니다. 기본적으로 Data Lake는 빅데이터 플랫폼을 기반으로 하는 것을 전제로 합니다. 따라서 실데이터는 '하둡 분산 파일시스템(Hadoop Distributed File System: HDFS)' 내에 포함되어 있으며, 이 실데이터와 메타데이터는 밀접히 연동되어 있어야 합니다. 또한 메타데이터 추천 기능은 기존 적재된 메타데이터와 현재 대상 메타데이터를 Hadoop 기반에서 비교 분석 처리하여 결과 데이터를 산출해야 하므로, Hadoop과 '메타데이터 데이터베이스' 간의 연동이 성능에 큰 영향을 미칠 것입니다. 그리고 수많은 '쿼리 로그'를 파싱(Parsing)하여 필요한 메타데이터를 추출하는 기능도 Hadoop 기반에서 처리되어야 하므로, Hadoop 플랫폼과의 연동은 상당히 중요합니다. 또한 Data Catalog는 다양한 '데이터 전처리/분석 도구'와 메타데이터의 연계가 이루어져야 합니다. '데이터 전처리/분석 도구'에 연계된 데이터에 대한 메타데이터를 제공해야 하고, '데이터 전처리/분석 도구'에서 Data Catalog로 '데이터 객체' 배포 시, 필요한 메타데이터를 추출하여 저장해야 합니다. 따라서 이들 도구와 Data Catalog 간의 연계 또한 밀접하게 이루어져야 합니다.

　이를 요약하면, 데이터 구조의 유연성, 빅데이터 처리 능력, 빅데이터를 포함한 플랫폼/도구 간의 연계 및 확장성을 고려한 '메타데이터 데이터베이스'의 선택이 필요합니다. 따라서 기존의 '관계형 데이터베이스'보다는

'문서 기반 NoSQL 데이터베이스(Document-Oriented Database)'가 이러한 요구 조건을 수용하기에는 더 적합해 보입니다. 하지만 이 역시 각 기업의 추구하는 Data Catalog 방향성, 보유한 데이터 규모/종류, 내부 인적 리소스의 역량 등을 고려한 선정이 필요합니다. '문서 기반 NoSQL DB'가 기술적으로 적합하다고 해서 반드시 선택할 필요는 없으며, 기업의 전략, 비용 대비 효과 등을 종합적으로 고려한 기술(솔루션) 선정이 필요합니다.

2-2. 메타데이터 추천(M/L)

'기술 메타데이터'는 카탈로그의 '데이터 수집기'가 자동으로 수집해야 하는 정보이지만, '비즈니스 메타데이터'는 '데이터 Steward' 또는 사용자가 직접 입력해야 하는 정보입니다. 전사의 '데이터 객체' 개수는 통상 수십만 개에 달하고 있어, '데이터 Steward' 개인별로 입력해야 할 '데이터 객체'의 개수(적어도 수백 개 이상이며 일부는 수천 개.)를 고려하면 상당한 부담일 수밖에 없습니다. 그리고 각 '데이터 객체'별 입력할 항목은 '데이터명', '설명', '태그'만 포함하여도 3건으로 실제 입력할 항목의 개수는 최소 천 건 이상일 것입니다.

이렇게 많은 건수의 정보를 '데이터 Steward'에게 수개월(기능 개발 후 시스템 오픈 전까지의 기간.) 내에 입력하라고 했을 때, 각 '데이터 Steward'가 기존의 업무를 수행하면서 틈틈이 입력하려면('데이터 Steward'는 대부분 Full-Time 역할이 아니므로.) 아마 수많은 초과 시간 근무가 필요할 것입니다. 더구나 각각의 정보를 정확하게 입력하려면 '데이터 오너'의 지원을 받아야 하기 때문에 시간은 더 지체될 수밖에 없습니다. 데이터에 대한 정확하고 상세한 비즈니스 의미를 알고 있는 것은 '데이터 오너'이기 때문입니다.

이러한 상황에서 '데이터 Steward'에게 모든 입력을 하도록 강요하는 것은 너무 무책임한 일일 것이므로, 이들의 입력을 시스템에서 지원해 주는 기능이 꼭 필요할 수밖에 없습니다. '데이터 Steward'가 입력한 메타데이터를 기반으로 '카탈로그 Agent'가 '기계 학습'을 통해 유사한 '데이터 객체'를 찾아 추천해 주는 것입니다. 즉 '카탈로그 Agent'는 '비즈니스 메타데이터'를 추론하여 '데이터 Steward'에게 추천하고, '데이터 Steward'가 추천 데이터에 대해 피드백하면 이를 다시 '카탈로그 Agent'가 학습하여 계속 추론의 정확도를 높여 가는 방식입니다. (다음 '그림 41. 메타데이터 추천 및 학습 프로세스' 참조.)

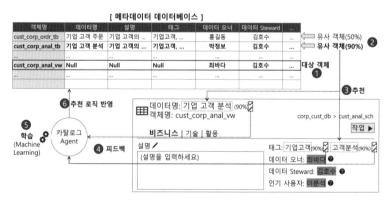

그림 41. 메타데이터 추천 및 학습 프로세스

그림 상단의 '메타데이터 데이터베이스'에서 굵은 선으로 표시한 추천 대상 객체(1)는 '객체명', '데이터 오너', '데이터 Steward' 정보 외 다른 정보는 모두 비어 있습니다. 대상 객체와 가장 유사한 객체를 찾기 위해, 이미 보유한 정보 항목과 유사한 정보 항목을 가진 객체를 찾아 '정보 유사도'를 평가합니다. '정보 유사도'가 가장 높은 객체를 식별(2)하여, 해당 객체의 정보를 카탈로그 페이지에 추천합니다(3). 추천 시에는 우측 하단의 카탈로그 페이지와 같이 회색 글자, 점선 박스와 함께 '정보 유사도(또는 정확도)'를 알려 주어 시스템이 추천한 정보임을 표시해야 합니다. 예시 화면에서는 '데이터명'과 '태그' 정보가 '카탈로그 Agent'가 추천한 정보입니다. 또한 '정보 유사도' 옆에는 '데이터 Steward'가 이를 수용할 것인지(체크 아이콘), 수정할 것인지(연필 아이콘)를 선택할 수 있게 하고, 이 피드백을 받아 다시 '카탈로그 Agent'에 전달합니다(4). '카탈로그 Agent'는 이 피드백을 '기계 학습(Machine Learning)'하기 위해(5), '데이터 Steward'가 수용한 정보는 '정보 유사도'를 높이는 로직에 반영하고, 수정한 정보는 유사 정보 맵핑 로직에 수정 반영함과 동시에, 수정하기 전의 '정보 유사도'를 낮추는 로직에 반영해야 합니다(6).

'데이터 리니지' 정보도 이렇게 메타데이터 간의 '정보 유사도'를 계산하여 추천하는 방식을 사용할 수도 있으나, '쿼리 로그'를 파싱(Parsing)하는 방식도 사용할 수 있습니다. 예를 들어, 어떤 데이터베이스 테이블의 데이터를 추출(SELECT)하여, 어떤 로직과 조건으로 어떤 데이터베이스의 테이블에 입력(INSERT) 혹은 수정(UPDATE)하였는지를 분석하여 '데이터 리니지'를 산출하는 것입니다. 이는 다음의 '쿼리 로그 수집/파싱' 부분에서 상세히 설명할 예정입니다.

2-3. 검색엔진 색인 생성

사용자가 키워드 기반으로 필요한 데이터를 검색하기 위해서는, **입력할 것으로 예상되는 키워드를 '색인(Index) 데이터베이스'에 등록해 놓아야 합니다.** 사용자가 입력할 키워드 중 가장 많을 것으로 예상되는 항목은 '데이터명', '태그', '설명'에 포함된 비즈니스 용어일 것입니다. 따라서 해당 항목에 포함된 용어는 모두 색인으로 등록해야 합니다. 또한 일부 사용자는 '데이터 오너', '데이터 Steward'의 '사번' 혹은 '이름'으로도 검색할 수 있으므로, 색인으로 포함해야 합니다. 그리고 고급 사용자들은 '객체명'으로 곧바로 자신이 원하는 데이터를 검색할 수 있으므로, 역시 색인으로 등록해야 합니다.

이때 한 가지 주의할 사항은 최초 색인 등록 후, **메타데이터 변동 시마다 지속적으로 색인 정보를 현행화**해야 하는 것입니다. 물론 이를 실시간으로 처리하는 것은 쉽지 않으며, 최소 일 배치로 메타데이터 변동 사항을 확인 후, 기존 색인을 삭제하고 신규 색인을 등록해야 합니다. 사용자가 키워드 검색 시 검색 결과는 조회되나, 해당 객체를 조회하면 보이지 않는 경우는 이와 같은 현행화가 잘 이루어지지 않았기 때문입니다. 이런 오류가 발생하면 사용자의 시스템에 대한 신뢰도는 급격히 추락하므로 항상 주의를 기울여야 합니다.

'색인 데이터베이스'는 검색 속도를 가장 우선순위로 고려해야 하므로, 통상 **'키-값 기반 NoSQL 데이터베이스'**를 활용하게 되며, 수백만 건의 '데이터 객체'별 수십 개에 달하는 색인을 등록하고 처리하기 위해 분산 처리가 가능하고 용량 확장이 용이한 솔루션을 선택해야 합니다. 이러한 요건

을 갖춘 오픈 소스 기반의 솔루션으로는 Elasticsearch, Apache Solr 등이
있습니다.

2-4. 쿼리 로그 수집/파싱

'쿼리 로그 수집/파싱' 작업을 위해 먼저 원천 시스템으로부터 Data
Lake로 데이터를 수집할 때의 쿼리, Data Lake 내부에서 수행한 쿼리('대
화식 쿼리 서비스', '데이터 배치 처리' 등을 통해), Data Lake의 데이터
를 외부에 전송할 때 활용한 쿼리, 외부에서 Data Lake의 데이터를 호출
(Data API 등을 통해)할 때 활용한 쿼리를 포함한 모든 '쿼리 로그'를 수집
합니다. 그리고 이 '쿼리 로그'를 파싱(Parsing)하여 전사 데이터의 생성/
가공/활용 패턴을 파악해 사용자에 필요한 메타데이터를 생성(객체별 활
용 정보, '데이터 리니지' 정보 포함)하는 작업을 의미합니다. (다음 '그림
42. 쿼리 로그 수집 및 파싱' 참조.)

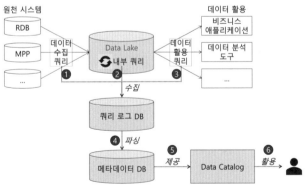

그림 42. 쿼리 로그 수집 및 파싱

그림의 좌측 상단과 같이, 다양한 원천 시스템으로부터 Data Lake로 데이터를 수집할 때 사용하는 쿼리(1), 그 우측의 Data Lake 내부에서 실행하는 쿼리(2), 그 우측의 Data Lake의 데이터를 외부의 '비즈니스 애플리케이션', '데이터 분석 도구'에서 활용할 때 사용하는 쿼리(3)를 모두 '쿼리 로그 데이터베이스'로 수집합니다. 수집한 각각의 쿼리를 파싱(4)하여, 해당 쿼리는 어떤 테이블/컬럼에 대한 것인지, 어떤 테이블 간의 JOIN이 발생했는지, 어떤 조건으로 데이터를 조회하는지, 어떤 시스템/데이터베이스/테이블의 데이터가 어떤 시스템/데이터베이스/테이블로 이동/복사되었는지 등을 분석합니다. 이 분석한 결과를 '메타데이터 데이터베이스'의 해당 '데이터 객체'에 매핑하여 저장합니다. 이 메타데이터 정보는 Data Catalog에 제공하고(5), 이를 사용자들이 활용(6)하게 됩니다.

먼저, **'데이터 객체'의 활용 메타데이터 정보를 추출**하는 과정을 좀 더 자세히 설명하면, 예를 들어 다음과 같은 쿼리가 있다고 가정해 보겠습니다.

```
SELECT       A.cust_name, A.order_qty
FROM         cust_anal_sch.cust_corp_order_tb A
INNER JOIN   cust_anal_sch.cust_info_tb B
ON           A.cust_id = B.cust_id
WHERE        …
```

여기서 '테이블' 객체는 'FROM' 키워드 다음에 있는 'cust_anal_sch. cust_corp_order_tb'과, 'INNER JOIN' 키워드 다음에 있는 'cust_anal_sch.

cust_info_tb'입니다. 다음으로 '컬럼' 객체는 'SELECT' 키워드 다음에 있는 'A.cust_name', 'A.order_qty', 'ON' 키워드 다음에 있는 'A.cust_id', 'B.cust_id'입니다. 이렇게 '테이블' 객체, '컬럼' 객체를 식별한 다음, 해당 객체 카탈로그의 '활용'탭의 '쿼리 목록'란에 해당 쿼리가 나타나도록 합니다. (다음 '그림 43. 쿼리 파싱 결과의 카탈로그 반영 예시' 참조.)

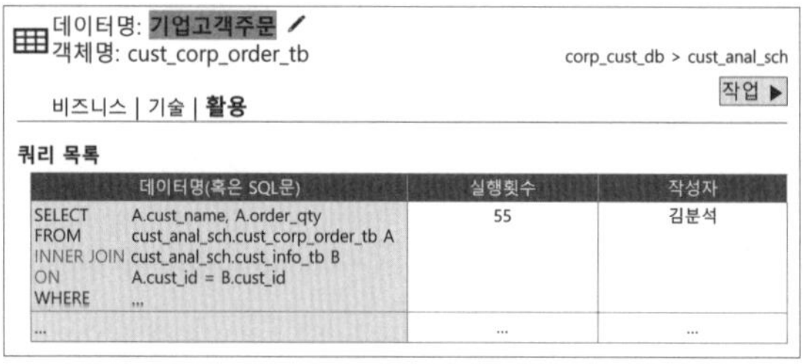

그림 43. 쿼리 파싱 결과의 카탈로그 반영 예시

그림은 '테이블' 객체 'cust_corp_order_tb'의 카탈로그 페이지에 쿼리 파싱 결과를 반영한 예시입니다. 좌측 상단의 '객체명'에 해당 테이블명을 확인할 수 있고, 그 우측에는 해당 객체가 속한 '데이터베이스'와 '스키마'의 '객체명' 정보를 조회할 수 있습니다. 하단의 '활용'탭의 쿼리 목록에는 위의 예시에서 검토한 쿼리를 확인할 수 있습니다. 만약 해당 쿼리의 상세 정보가 입력되어, 즉 큐레이션되어 있다면 SQL문이 아닌 '데이터명'(기업 고객별 주문량 조회)을 조회할 수 있을 것입니다. 이렇게 각 '데이터 객체'별 활용 쿼리 정보를 사용자에게 제공함으로써, 사용자는 해당 '데이터 객체'를 편리하게 활용할 수 있을 것입니다.

또한 '대화식 쿼리 서비스'에서 쿼리 작성 시, JOIN 대상 테이블을 추천해 주거나, WHERE절의 조건을 추천해 주는 용도로도 쿼리 파싱 결과를 활용할 수 있습니다.

다음으로, **'데이터 리니지' 정보를 추출하는 과정**을 좀 더 자세히 설명하기 위해 다음과 같은 쿼리 로그가 있다고 가정해 보겠습니다.

```
INSERT INTO      cust_corp_ordr_qty_tb
SELECT           A.cust_name, A.order_qty
FROM             cust_anal_sch.cust_corp_order_tb A
INNER JOIN       cust_anal_sch.cust_info_tb B
ON               A.cust_id = B.cust_id
WHERE            …
```

이 쿼리에서는 'cust_anal_sch.cust_corp_order_tb' 테이블과 'cust_anal_sch.cust_info_tb' 테이블의 데이터를 'INNER JOIN' 오퍼레이션을 통해 'cust_corp_ordr_qty_tb'라는 테이블에 입력하는 것을 알 수 있습니다. 이를 통해 3개 테이블에 대한 '데이터 리니지' 정보를 파악할 수 있으며, 카탈로그 페이지의 '기술'탭의 '데이터 리니지' 정보란에 이 정보를 표현할 수 있을 것입니다. (다음 '그림 44. 쿼리 파싱 결과의 데이터 리니지 정보 반영 예시' 참조.)

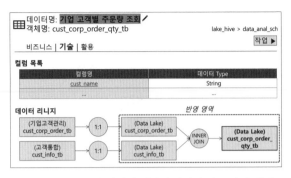

그림 44. 쿼리 파싱 결과의 데이터 리니지 정보 반영 예시

그림은 'cust_corp_ordr_qty_tb' 테이블의 카탈로그 페이지입니다. '객체명'에 해당 객체의 테이블명과 우측에 해당 객체가 속한 '데이터베이스'와 '스키마'의 '객체명' 정보가 표시되어 있으며, 그 하단의 '기술'탭에는 해당 객체가 보유한 '컬럼 목록' 정보를 조회할 수 있습니다. 그 하단에는 해당 객체의 '데이터 리니지' 정보를 조회할 수 있으며, 점선 박스 영역이 위의 쿼리 파싱 작업으로 인해 파악한 정보를 반영한 부분입니다. 즉, Data Lake의 'cust_corp_order_tb' 테이블과 'cust_info_tb' 테이블 간의 'INNER JOIN'으로 인해 'cust_corp_order_qty_tb'가 생성되었다는 정보를 다이어그램으로 표시하고 있습니다. 굵은 박스는 카탈로그 대상 객체 테이블인 'cust_corp_ordr_qty_tb'을 의미하는 것입니다.

이와 같이 전사의 쿼리 로그를 수집하여 파싱한 결과는 '기술/활용 메타데이터'로 생성하여 카탈로그에 제공함으로써 사용자들이 유용하게 활용할 수 있습니다.

2-5. 데이터 프로파일링

'데이터 프로파일링'은 실데이터에 대한 다양한 측면의 통계를 산출하여 사용자에게 제공함으로써, 사용자들이 실데이터를 조회하지 않고도 데이터에 대한 이해를 할 수 있도록 지원하는 작업을 의미합니다. 또한 이 결과는 '데이터 Steward'의 데이터 품질 관리 업무에도 유용하게 활용할 수 있는 정보입니다.

'데이터 프로파일링'에서 해야 하는 작업은 크게 세 가지로 분류할 수 있습니다. 첫 번째는 **데이터 유형**(Data Type)'에 대한 분석이고, 두 번째는 **데이터값**(Data Value)'에 대한 분석이며, 세 번째는 **데이터 포맷**(Data Format)'에 대한 분석으로 이루어집니다.

첫 번째, '**데이터 유형**'에 대한 분석은 데이터(컬럼/필드)가 '문자열(String/Character)'인지, '숫자(Number/Integer/Float)'인지, '날짜(Data)'인지, '논리값(Boolean)'인지, 또는 '빈값(Null)'인지 등에 대한 구분을 하는 것을 의미합니다. 그래서 이 분석 결과를 각 유형별 비중으로 보여 줍니다. (다음 '그림 45. 데이터 유형 분석 결과 예시' 참조.)

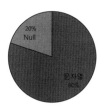

그림 45. 데이터 유형 분석 결과 예시

그림은 '문자열'이 80%를 차지하고 있고, 20%는 값이 입력되어 있지 않고 비어(Null) 있는 컬럼의 '데이터 유형' 분석 결과를 보여 주고 있습니다. 필수 컬럼이 아닌 경우에 이와 같이 일부 값은 비어(Null) 있고, 나머지 값은 단일 유형(문자열 등)의 데이터로 구성되어 있는 것이 당연할 것입니다. 하지만 빈(Null)값이 너무 많을 경우, 또는 두 가지 이상의 유형으로 구성되어 있을 경우는 사용자는 해당 데이터에 대한 신뢰를 하기 어려울 것입니다. 또한 '데이터 Steward'도 이러한 '데이터 프로파일링' 결과를 확인했을 경우는 직접 실데이터를 확인하고, 오류 여부에 대해 해당 '데이터 오너'에게 문의해야 할 것입니다.

두 번째, '**데이터값**'에 대한 분석은 실데이터가 어떤 값들로 구성되어 있는지를 분석하기 위한 통계를 산출하는 작업입니다. 이를 위해 데이터의 건수, 값의 분포, 범위 등을 파악하기 위한 작업들로 구성합니다.

먼저 전체 데이터가 몇 건인지 파악하기 위한 '**총 데이터 건수**'부터 산출해야 할 것입니다. 또한 이 중에 유일(Unique)값은 몇 건인지 파악을 위한 '**유일 데이터 건수**'도 산출해야 합니다. 값이 입력되지 않은 비어 있는 경우는 몇 건인지 파악하기 위해 '**빈(Null) 데이터 건수**'도 산출합니다.

만약 해당 컬럼이 '기본 키(Primary Key)' 데이터라면, 모든 값이 존재해야 하고, 유일값이어야 하므로, '총 데이터 건수'와 '유일 데이터 건수'는 동일한 값이어야 합니다. 만약 이 두 값이 동일하지 않다면 데이터의 오류가 발생한 것이므로, 즉시 조치가 필요합니다. 혹은 해당 컬럼이 '유일 키(Unique Key)' 데이터라면, 빈(Null)값을 허용하되 입력되어 있는 데이터 간에는 중복이 존재하지 않아야 합니다. 따라서 이 경우는 '유일 데이터 건수'와 '빈 데이터 건수'의 합이 '총 데이터 건수'와 일치하는지 확인해야 합니다. 일치하지 않는다면 데이터 품질 문제가 발생한 것이므로 조치가 필요할 것입니다.

또한 주로 유일값으로 구성된 데이터가 아닌 중복 데이터가 많은 경우, 혹은 특정 값들로 구성된 데이터(사용자가 입력하는 값이 아닌 특정 값들 중 선택해야 하는 경우)의 경우에는 데이터값별로 차지하는 비중을 파악하기 위한 '**데이터값별 비중**'을 산출합니다. '데이터값별 비중'을 통해 특정 값이 지나치게 많거나(해당 업무 특성상), 지정된 값들 이외에의 다른 값이 포함되어 있거나 하는 경우를 파악할 수 있을 것입니다. 사용자는 예상하는 데이터값이 아닌 경우에는 사용하지 않을 것이며, '데이터 Steward'는 이러한 데이터 품질 문제 여부를 파악하여 조치를 취해야 할 것입니다.

그리고 숫자 유형으로 구성된 일부 데이터의 경우는, 데이터의 구간별 분포를 파악할 수 있도록 하기 위해 '**데이터 구간별 비중**'을 산출할 필요도 있습니다. 예를 들어, 사람의 나이(Age) 데이터라고 하면, 이를 '데이터값별 비중'으로 나타낸다면, 너무 많은 값들(1~100 이상)로 되어 있어 데이터를 파악하기 힘들 것입니다. 따라서 이 경우는 10대, 20대 등 나이대별(구간별)로 비중을 볼 수 있다면 유용한 정보일 것입니다. 만약 이 경우도 특정 구간에 너무 많은 데이터가 있다고 생각될 경우에, '데이터 Steward'는 데이터 품질 문제를 점검해야 할 것입니다. (다음 '그림 46. 데이터값/구간별 비중 분석 결과 예시' 참조.)

['데이터값별 비중' 예시]

['데이터 구간별 비중' 예시]

그림 46. 데이터값/구간별 비중 분석 결과 예시

그림의 좌측은 '데이터값별 비중' 분석 결과의 예시이며, 우측은 '데이터 구간별 비중' 분석 결과의 예시입니다.

또한 숫자 데이터일 경우에 데이터의 범위, 즉 최솟값(Min), 최댓값(Max)을 산출한 **'데이터의 Min/Max값'**이 의미가 있을 경우가 있습니다. 위의 예시와 같이 '나이'와 같은 컬럼의 경우에는 '100' 이상의 값이 있다면, 잘못된 데이터가 아닌지 의심해 볼 필요가 있습니다. 혹은 '출생년도'와 같은 컬럼이 있다면, '1900' 미만의 값이 있거나, 현재 연도 이상의 값이 있다면 또한 품질의 문제가 있는 데이터일 것입니다. 이와 같이 다양한 방식으로 '데이터값'을 파악할 수 있는 통계를 산출하여 사용자와 '데이터 Steward'에게 제공할 필요가 있습니다.

세 번째, **'데이터 포맷'**에 대한 분석은 데이터가 사전 정해진 포맷으로 입력되어 있는지를 파악하기 위해 수행하는 작업입니다. 그래서 **'데이터 포맷별 비중'**을 분석하여 제공한다면 사용자가 해당 데이터 분석 시 데이터 정제 필요 여부 등을 파악할 수 있을 것입니다. (다음 '그림 47. 데이터 포맷별 비중 분석 결과 예시' 참조.)

그림 47. 데이터 포맷별 비중 분석 결과 예시

'날짜'와 같은 데이터의 경우 'YYYYMMDD' 혹은 'YYYY-MM-DD' 등 여러 가지 포맷으로 입력할 수 있지만, 'YYYY-MM-DD' 형태로 입력하는 것으로 정해져 있다고 가정해 보겠습니다. 그림과 같이 'YYYY-MM-DD' 포맷은 95%를 차지하지만, 'YYYYMMDD' 포맷은 3%, 그 외 포맷도 2%를 차지하고 있습니다. 따라서 사용자는 이 데이터를 분석하기 위해서는 'YYYYMMDD' 포맷의 데이터를 'YYYY-MM-DD' 포맷으로 변경하고, 그 외 포맷은 직접 실데이터를 조회 후 어떤 방식으로 정제할 지 결정해야 할 것입니다. 또한 '데이터 Steward'는 '데이터 오너'에게 이와 같은 상황을 알리고 'YYYY-MM-DD' 포맷 이외의 데이터가 포함되지 않도록 요청해야 할 것입니다.

데이터의 포맷을 길이로 판단해야 할 수도 있습니다. 예를 들어, 고객의 '이름'을 포함하고 있는 '컬럼'의 경우, 내국인인 경우 대부분 세 글자이고, 일부 두 글자, 네 글자일 것이므로, 이 경우 **데이터 길이별 비중**을 분석하여 제공한다면 데이터 이상 여부 등의 판단에 도움을 줄 수도 있을 것입니다.

이와 같이 Data Lake의 수십만 개의 개별 '컬럼' 혹은 '필드'에 대해 다양한 방식의 '데이터 프로파일링'을 수행해야 하고, 데이터를 현행화하는 주

기에 따라 이 '데이터 프로파일링' 데이터도 업데이트해야 하므로, 하루에
도 수십만~수백만 건의 작업을 수행해야 할 수도 있습니다. 또한 데이터
건수가 많은 빅데이터 테이블/파일의 경우에는 더욱 컴퓨팅 리소스의 부
담이 커질 수밖에 없어, Hadoop의 분산 처리 방식으로 이를 구현해야 할
것입니다.

2-6. 데이터 활용 현황 집계

'My Catalog' 기능에서 언급했듯이, 사용자별로 Data Catalog(또는 Data
Lake)의 세부 기능별 활용 현황을 집계해야 합니다. 이를 위해 사용자별
Data Catalog 활용 로그를 모두 남겨야 하며, 각 세부 기능별로 집계가 가
능해야 합니다. 또한 이를 부서별로, 또한 전사 단위로도 집계가 가능해
야 합니다. (다음 '그림 48. Data Catalog 활용 현황 집계' 참조.)

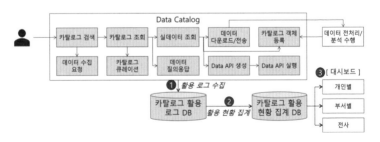

그림 48. Data Catalog 활용 현황 집계

그림과 같이 사용자는 Data Catalog에서 카탈로그 검색, 데이터 수집 요
청, 카탈로그 조회, 카탈로그 큐레이션, 실데이터 조회, 데이터 질의응답,

데이터 다운로드/전송, Data API 생성/실행, 카탈로그 객체 등록 등의 활동을 수행합니다. '카탈로그 활용 로그 데이터베이스'는 이러한 사용자의 개별 활동 로그를 모두 수집해야 하고(1), '카탈로그 활용 현황 집계 데이터베이스'는 이러한 로그로부터 사용자별/부서별로, 또한 전사에 대한 기간별(연/월/주) 활용 현황을 집계합니다(2). 따라서 해당 주/월/연 말에 이러한 집계 배치 프로그램이 실행되어야 하고, 사용자의 활용이 이루어짐에 따라 실시간 업데이트도 이루어져야 합니다. 이러한 집계 결과 정보는 개인별/부서별/전사의 'Data Catalog 활용 대시보드'를 통해 제공합니다(3).

'카탈로그 활용 로그 데이터베이스'는 '카탈로그 검색' 활동에서 사용자가 검색하는 '키워드' 정보와 함께 언제 검색했는지에 대한 정보를 수집해야 하며, 이는 '키워드 검색'의 '검색어 자동 완성' 기능에서 활용될 수 있습니다. 또한 해당 키워드의 입력 빈도에 대한 측정도 이루어져야 '검색어 우선 순위' 결정 시 활용할 수 있습니다. 그리고 '카탈로그 조회' 활동에서 언제 어떤 '데이터 객체'를 조회했는지에 대한 정보도 기록해야 합니다. 이는 향후에 구현될 '카탈로그 추천' 기능에서 사용자별로 어떤 데이터를 주로 활용하는지, 이를 기반으로 사용자 유형 구분(클러스터링), 이를 기반으로 개인화된 카탈로그 추천 등의 기능 구현에 활용할 수 있기 때문입니다. 또한 '데이터 수집 요청' 기능에서 사용자가 어떤 데이터를 요청했는지에 대한 정보도 사용자의 개인화된 추천 기능에 활용될 수 있는 데이터일 것입니다.

'실데이터 조회', 'Data API 생성/활용', '데이터 다운로드/전송'은 '대화식 쿼리 서비스'를 활용하여 수행되는 기능으로 이전에 설명한 '쿼리 로그 수집/파싱'을 통해 '데이터 객체' 정보를 식별해야 개인화된 카탈로그 추천을 위한 기반 데이터로 활용할 수 있을 것입니다.

'카탈로그 큐레이션' 기능과 '카탈로그 객체 등록' 기능은 사용자의 '기호(Preference)'를 파악하기 위한 목적보다는 사용자의 전문성을 파악하기 위한 기능으로 이해해야 할 것입니다. 즉 사용자가 어떤 '데이터 객체'에 대한 전문 지식이 있는지, 이 '데이터 객체'는 어떤 카테고리에 속하는지에 대한 파악을 통해 향후 '데이터 Steward'의 지정, 분야별 전문가 지정 등에 활용할 수 있을 것입니다.

2-7. 데이터 배치 처리

'데이터 배치 처리'는 Data Lake에서 주기적으로 발생하는 데이터의 이동/가공/폐기 등의 처리를 '배치 작업 스케줄러'를 통해 수행하는 작업을 의미합니다. '데이터 배치 처리'의 유형은 데이터를 외부에서 Data Lake 내부로 유입하는 **'데이터 수집'**, Data Lake의 내부에서 데이터를 다양한 목적으로 이동시키는 **'데이터 이동'**, 데이터를 별도의 처리(Processing)를 통해 가공하는 **'데이터 가공'**, Data Lake의 데이터를 외부의 애플리케이션 등으로 제공하는 **'데이터 제공'**, 또한 Data Lake 내부의 데이터를 저장소 용량 관리 등의 목적으로 폐기하는 **'데이터 폐기'**로 구분할 수 있을 것입니다. 즉 Data Lake의 데이터에 대해 전체 Life Cycle에서 주기적으로 처리하는 작업을 관리하는 기능으로 정의할 수 있을 것입니다. (다음 '그림 49. 데이터 배치 처리 기능' 참조.)

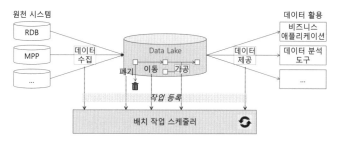

원천 시스템 데이터 활용

RDB

MPP

...

데이터
수집

Data Lake

폐기 이동 가공

데이터
제공

비즈니스
애플리케이션

데이터 분석
도구

...

작업 등록

배치 작업 스케줄러

그림 49. 데이터 배치 처리 기능

그림과 같이 주기적으로 발생하는 데이터의 수집, 이동, 가공, 제공, 폐기 작업(Job)을 '배치 작업 스케줄러(또는 배치 스케줄러)'에 등록하고, '배치 작업 스케줄러'는 예정된 일정에 따라 작업을 실행합니다. 이러한 배치 작업은 전사 데이터를 수집하는 Data Lake의 특성상 건수도 많고, 대용량 데이터를 처리하는 작업도 많으며, 또한 많은 컴퓨팅 리소스를 필요로 하는 작업 등 다양한 유형의 작업을 일정에 맞게 처리해야 하므로, 많은 리소스를 필요로 함과 동시에 리소스의 효율적 배분이 이루어지도록 조정(Coordination)하는 기능이 중요합니다. 이러한 특성을 감안할 때, Hadoop의 'Capacity Scheduler'의 이용을 검토해 보는 것을 추천합니다.

2-8. 데이터 보안 처리

'데이터 보안 처리'는 개인 식별 정보, 산업 보안 정보, 사내 민감 데이터 등 보안 처리 대상 데이터를 식별하고, 해당 데이터에 대한 비식별화(De-identification), 마스킹(Masking), 또는 암호화(Encoding) 처리를 하는 작업을 의미합니다. 이는 정부의 규제에 대응(Compliance)하고, 자사 데이터의 외부 유출로 인한 피해를 최소화하며, 회사 내부의 민감 정보를 특정 대상자에 한해서만 활용될 수 있도록 하기 위해 수행하는 작업입니다. 보안 처리 대상 데이터는 세 가지 유형으로 분류할 수 있으며, 각 유형에 대한 정의, 예시, 처리 방법에 대해 알아보겠습니다.

첫 번째는 개인을 식별하는 데 사용될 수 있는 **개인 식별 정보**(Personally Identifiable Information: PII)' 데이터로, 정부가 강력히 규제하는 데이터 유형입니다. '개인 식별 정보'는 이름, 주민번호, 여권번호, 운전면허번호, 생년월일, 주소, 이메일, 전화번호, 차량번호, 계좌번호, 카드번호, 직장정보, ID, 패스워드, 바이오(생체인식)정보 등 개인별로 부여되는 모든 정보를 포함합니다. 개인별로 단일하게 부여되는 고유식별정보(주민번호, 여권번호, 운전면허번호, 외국인등록번호), 비밀번호, 바이오정보 등은 엄격한 규제로 인해 암호화 처리하여 저장해야 합니다. 특히 비밀번호와 같은 경우는 복호화되지 않도록 '단방향(Hash) 암호화' 알고리즘을 적용해야 합니다. 그 외 데이터는 대체로 앞 부분의 일부 글자만 제외하고 마스킹 처리를 하거나 비식별화 처리를 하게 됩니다. 예를 들어, '이름'과 같은 경우, '성(Surname)'을 제외하고 '＊' 글자로 대체하고, '주소'의 경우도 '시/군' 정보를 제외한 상세 주소는 '＊'로 대체하게 됩니다. '계좌번호'나 '카드번호' 등은 비식별화를 통해 완전히 다른 데이터로 대체하는 등의 조치가 필요합니다.

'카탈로그 Agent'는 데이터 수집 시, 이와 같은 '개인 식별 정보'를 분류해 내야 하며('객체명'과 실데이터 분석을 통해), 분류된 객체에 대해서는 **'PII'라는 태그를 부여**합니다. 또한 어떤 개인 식별 정보인지 분류하기 위해 항목별 태그(이름, 주민번호 등)도 함께 부여합니다. 예를 들어, '이름'

컬럼 객체의 경우, 'PII'와 '이름'의 두 건의 태그를 부여합니다. 태그를 부여한 후에는 항목별 보안 처리 정책에 따라 자동으로 처리될 수 있도록 합니다. 보안 처리 정책은 뒤에서 설명할 관리자 기능의 '플랫폼 보안 관리'에서 등록합니다. 예를 들어, 'PII' 태그를 통해 일단 '데이터 보안 적용 대상'으로 식별하고, '이름' 태그는 '마스킹' 처리, '계좌번호' 태그는 '비식별화' 처리, '주민번호' 태그는 '암호화' 처리 등의 정책을 등록해야 합니다. '카랄로그 Agent'는 이러한 태그별 보안 처리 정책에 따라 해당 데이터에 적용을 수행합니다.

두 번째는 자국의 핵심 산업 기술이 외국으로 유출되어 발생할 수 있는 자국 기업과 산업의 손해를 최소화하기 위해 정부가 규제 대상으로 지정한 **'산업 보안 데이터'**입니다. '산업 보안 데이터'는 제품 설계/개발 데이터, 생산 공정 데이터 등을 포함하고 있으며, 대부분의 경우에 암호화 처리하여 저장해야 합니다. 그리고 해당 업무 담당자가 해당 데이터 활용 요청 시에만 '데이터 오너'의 승인 후 복호화하여 제공합니다. 따라서 이 데이터를 활용할 수 있는 사용자를 사전에 지정해 놓아야 합니다.

'카탈로그 Agent'는 데이터 수집 시, 이와 같은 '산업 보안 데이터'를 분류해 내야 하며('객체명'과 실데이터 분석을 통해), 분류된 객체에 대해서는 '산업 보안'이라는 태그를 부여합니다. 또한 어떤 정보인지를 구분할 수 있는 태그('제품 설계', '공정 설계' 등)를 부여하여 정보 항목별 활용 대상자(혹은 대상 부서)를 지정할 수 있도록 해야 합니다. '산업 보안' 태그가 붙여진 '객체'는 '암호화' 처리를 진행한 후, '준비 서비스 Zone'에서 'Ops 서비스 Zone'으로 이동하여 사용자에게 서비스가 이루어집니다. 사용자는 각 '객체'별로 부여된 정보 구분 태그에 따라 지정된 권한에 따라 활용에 대한 승인을 요청할 수 있으며, '데이터 오너'가 이를 승인한 후에는 활용이 가능하게 됩니다. 예를 들어, '제품 설계' 관련 부서의 담당자는 '제품 설계' 태그가 붙은 객체에 대해 활용 승인을 요청할 수 있습니다.

세 번째는 정부의 규제 대상은 아니나 회사 내에서 자체적으로 민감하다고 생각되는 정보에 대해 활용 대상을 제한할 수 있으며, 이를 **'사내 민감 데이터'**라고 합니다. 예를 들면, 회사 내에 사원들의 개인 정보, 직원 인사 정보, 재무 정보(외부 공시 정보 외) 등이 있습니다. 이들 데이터는 비식별화 또는 마스킹 처리가 필요하고, 해당 업무 담당자(혹은 담당 부서)만 활용이 가능하도록 해야 합니다.

'카탈로그 Agent'는 데이터 수집 시, 이와 같은 '사내 민감 데이터'를 분류해야 하며('객체명'과 실데이터 분석을 통해), 이를 위해 세부 정보 유형별로 식별 방안을 마련해야 합니다. '사내 민감 데이터'로 식별된 데이터의 경우 '사내 민감' 태그를 붙이고, 세부 정보 유형을 알 수 있는 태그를 추가로 붙입니다. 예를 들면, '객체명'에 'emp'와 'eval'를 포함하고 있는 객체에 대해 '사내 민감' 태그와 '직원 인사' 태그를 붙입니다. '사내 민감' 태그가 붙은 데이터는 비식별화 또는 마스킹 처리하고, '사원 개인', '직원 인사', '회사 재무' 등의 태그가 붙은 데이터에 대해서는 활용 가능 대상자(혹은 대상 부서)를 제한하는 조치를 취해야 합니다. 이와 같은 태그별 보안 정책은 이미 설명했듯이 '플랫폼 보안 관리' 기능에서 등록하고 관리합니다. (다음 '그림 50. 데이터 보안 처리 프로세스' 참조.)

Data Catalog 만들기

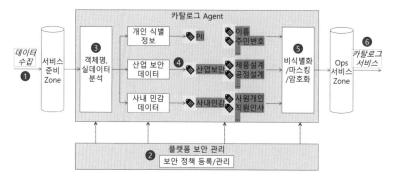

그림 50. 데이터 보안 처리 프로세스

전체 '데이터 보안 처리' 프로세스를 정리하면, 원천 시스템으로부터 데이터를 수집하여 Data Lake의 '서비스 준비 Zone'에 적재합니다(1). '서비스 준비 Zone'은 아직 카탈로그 서비스를 하기 전의 데이터를 보관하는 영역입니다. '플랫폼 보안 관리' 기능을 통해 보안 데이터 식별 정책, 태그 부여 정책, 태그별 보안 처리 정책, 태그별 활용 권한 등을 사전에 등록합니다(2). '카탈로그 Agent'는 '서비스 준비 Zone'에 적재된 데이터의 '객체 명', 실데이터를 분석하여 보안 데이터를 식별합니다(3). 보안 데이터 식별 결과, '개인 식별 정보'인 경우, 'PII' 태그와 세부 항목에 대한 태그('이름', '주민번호' 등)를 부여하고, '산업 보안 데이터'인 경우, '산업보안' 태그와 세부 항목에 대한 태그('제품설계', '공정설계' 등)를 부여합니다. 또한 '사내 민감 데이터'인 경우, '사내민감' 태그와 세부 항목에 대한 태그('사원개인', '직원인사' 등)를 부여합니다(4). '카탈로그 Agent'는 '플랫폼 보안 관리'에 등록된 태그별 보안 처리 정책에 따라 비식별화, 마스킹, 암호화 처리를 수행합니다(5). 보안 처리가 완료된 데이터는 'Ops 서비스 Zone'으로 이동하여 카탈로그 서비스가 이루어집니다(6).

이와 같이 '태그' 기반의 데이터 보안 처리는 Data Lake와 같은 엔터프라이즈 환경에서는 매우 효과적인 방법일 것입니다. 그렇지 않고 개별 유형을 모두 식별하여 보안 처리를 해야 한다면, 자동화 처리가 어려울 뿐만 아니라 '하드 코딩(Hard Coding)'으로 인한 프로그래밍 분량도 증가하고, 새로운 데이터를 추가로 수집할 때마다 이를 처리하는 로직을 추가/수정해야 하므로, 운영 비용도 크게 증가할 수 있습니다.

3. 관리자 기능

Data Catalog의 관리자 기능은 일반 사용자가 아닌 **관리자 및 운영자 사용하는 기능**을 의미합니다. 전반적인 Data Lake 플랫폼 데이터의 활용 현황을 조회할 수 있는 현황판(대시보드), 태그 기반으로 '비즈니스(업무) 카테고리'를 관리하는 기능, '데이터 유형 카테고리'를 추가/수정하는 기능, 사용자가 수집을 요청(VoC)한 데이터에 대해 처리하는 기능, 데이터의 수집에서부터 이동, 보관, 폐기까지의 Life Cycle을 관리하는 기능, '데이터 프로파일링'을 기반으로 품질 문제를 식별하고 처리하는 기능, 데이터 보안 정책을 등록/관리하고, 사용자 권한을 관리하는 기능, 플랫폼의 전반적인 처리 현황과 이상 여부를 실시간으로 모니터링하는 기능으로 구성됩니다.

3-1. 데이터 활용 현황판(대시보드)

'**데이터 활용 현황판**'은 'My Catalog'의 사용자별 대시보드를 전사를 대상으로 확대하여, **Data Lake 플랫폼에서 수집한 데이터의 전반적인 활용 현황을 조회할 수 있는 대시보드**를 의미합니다. 이 대시보드를 통해 관리자는 전체 데이터 활용 현황을 한눈에 파악할 수 있으며, 어떤 부분의 활용이 미흡한지를 파악할 수 있게 하여 활성화를 위한 방안을 마련할 수 있도록 하는 데 그 목적이 있습니다. 또한 이를 전사의 사용자에게도 오픈하여 더 적극적으로 활용할 수 있도록 자극하는 것도 추가적인 목적 중 하나입니다. 사용자들이 '전사의 사용자 순위'를 확인하고, 이를 자신의 동료, 부서장, 경영진도 볼 수 있게 함으로써, 자연스럽게 순위를 높이기 위한 활동을 하도록 유도하기 위한 것입니다. (다음 '그림 51. 전사 데이터 활용 대시보드 예시' 참조.)

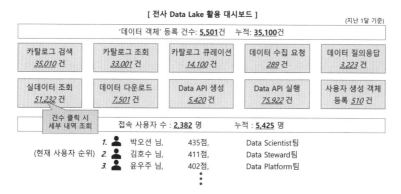

그림 51. 전사 데이터 활용 대시보드 예시

그림의 '전사 Data Lake 활용 대시보드' 예시에서는 지난 한 달간의 Data Lake의 데이터 활용 현황을 총괄하여 보여 주고 있습니다. 상단에는 지난 한 달간의 '원천 데이터 객체'와 '사용자 생성 객체'를 포함한 '데이터 객체' 등록 건수와 총 누적 건수를 보여 줍니다. 하단에는 개별 활용 활동별 건수를 조회할 수 있습니다. 카탈로그의 키워드 검색은 몇 건이 이루어졌는지, 몇 건의 카탈로그를 조회했는지, 카탈로그 큐레이션 활동은 몇 건이나 수행했는지 등 세부 활동별 건수를 조회할 수 있고, 각 건수를 클릭하면, 상세한 내역을 확인할 수 있습니다. 상세 내역 정보는 앞선 '카탈로그 활용 현황 집계' 기능에서 설명한 '카탈로그 활용 로그 데이터베이스'에서 취합된 정보를 활용하여 제공합니다.

그 하단에는 사용자별 활용 현황 데이터를 종합한 통계를 조회할 수 있습니다. 지난 한 달간의 접속 사용자 수와 누적 사용자 수, 그리고 누적 활용 스코어 기준 개인별 순위를 보여 줍니다. 개인의 이름, 점수, 소속 부서를 조회할 수 있어 어떤 부서의 어떤 사용자가 Data Lake의 데이터를 적극적으로 활용하고 있는지, 그리고 활성화에 기여하고 있는지를 알 수 있습니다. 이러한 스코어는 물론 기준이 명확해야 하며, 스코어 클릭 시, 어떤 활동에서 몇 점을 획득했는지에 대한 상세한 내용을 조회할 수 있게 해야 합니다. 또한 부서명을 클릭 시에는 해당 부서의 구성원들에 대한 순위가 보이게 하는 것도 좋은 방법입니다.

Data Lake의 활성화는 CEO의 관심 사항이고, 부서장도 그에 따라 해당 부서가 활성화에 기여할 것을 바랄 것이며 투명하게 순위가 공개되므로, 자연스럽게 순위에 대해 신경을 쓰게 됩니다(부서장과 사업본부장과 CEO가 활용을 강요하지 않더라도). 이러한 투명성, 가시성을 최대한 보

Data Catalog 만들기

장하는 것이 '게임화(Gamification)'의 기본 규칙입니다.

회사별로 이러한 대시보드를 구성하는 방법은 다양할 수 있으나, 이렇게 전체 현황을 한 번에 조회할 수 있고, Drill-Down 방식으로 세부적인 현황 정보까지 체계적이면서 투명하게 구성하는 것이 가장 좋은 방법입니다.

3-2. 카테고리 관리

'카테고리 관리' 기능은 관리자와 '데이터 Steward'가 '비즈니스(업무) 카테고리'와 '기술(데이터 유형) 카테고리' 분류 체계를 수정하고 관리하는 기능입니다. 이를 통해 사용자는 '비즈니스(업무) 분류' 혹은 '데이터 유형 분류'를 통해 데이터 검색할 수 있습니다.

먼저, **'비즈니스(업무) 카테고리'**는 업무 활동을 계층구조(Hierarchy)로 분류한 카테고리로, 각 '데이터 객체'에 등록한 '태그'를 이용하여 구성합니다. 예를 들어, '고객 가입 상품'이라는 '테이블' 객체는 고객이 가입한 상품에 대한 정보를 담고 있는 객체로, '고객 분석'이라는 태그를 붙입니다. '고객 분석' 업무는 마케팅 전략 수립 시 수행하는 업무 중 하나이므로, '마케팅 전략'의 하위 업무이며, '마케팅 전략' 업무는 또한 '마케팅'의 하위 업무입니다. 따라서,

마케팅 > 마케팅 전략 > 고객 분석 > 고객 가입 상품

이라는 계층구조를 가지게 됩니다. 따라서 사용자 혹은 '데이터 Steward'

는 '고객 가입 상품' 객체에 '고객 분석'이라는 '태그'를 붙이고, '데이터 Steward'는 '고객 분석'이라는 '태그'에 대한 계층구조를 정의함으로써, '비즈니스 카테고리'를 구성해 나갑니다. (다음 '그림 52. 비즈니스 카테고리 관리 예시' 참조.)

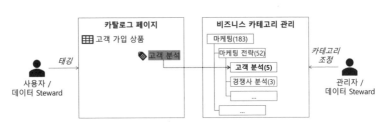

그림 52. 비즈니스 카테고리 관리 예시

그림의 예시와 같이 좌측에서 사용자(혹은 '데이터 Steward')가 카탈로그 페이지에서 '고객 가입 상품'이라는 '테이블' 객체에 대해 '고객 분석'이라는 태그를 붙입니다. 그러면 '데이터 Steward'는 '비즈니스 카테고리 관리' 화면에서 '고객 분석' 태그를 조회할 수 있으며, 이 '고객 분석' 태그를 '마케팅 전략' 태그의 하위 구조에 위치하도록 조정합니다.

분류 체계의 각 박스 내에 괄호 안의 숫자는 해당 태그를 붙인 '데이터 객체'의 건수를 나타내며, 건수를 클릭 시 해당 태그가 붙여진 '데이터 객체' 목록을 조회할 수 있습니다. '데이터 Steward'는 이 중 잘못 부여된 태그가 있다면 함께 조정해 가면서 작업해야 할 것입니다.

'데이터 Steward'별 담당하는 업무 영역을 지정하여 이러한 분류 체계를 관리해야 합니다. 예를 들어, '마케팅 전략' 영역을 담당하는 '데이터 Steward'는 해당 카테고리 내에서만 수정할 수 있는 권한을 가지고, 태그

Data Catalog 만들기

를 조정할 수 있습니다. '카탈로그 큐레이션' 담당 영역과 일치하도록 권한을 부여하는 것이 가장 바람직하며, '관리자'는 전체 카테고리에 대한 권한을 가지되, 카테고리 간 조정이 필요한 경우에만 수정합니다.

다음으로, **'데이터 유형 카테고리'**는 '데이터 객체'를 '데이터 유형'별로 분류하기 위한 카테고리 체계로서, 최초 설정한 이후에는 새로운 '데이터 유형'을 추가하는 것 외에는 수정할 일이 거의 없을 것입니다. 데이터 수집 시 각 객체의 '데이터의 유형'은 이미 정해진 상태이고, 이후에 변경되지 않기 때문입니다. 그러나 수집 대상 '데이터 객체'를 확대함에 따라 새로운 '데이터 유형'을 추가할 수는 있을 것입니다. (다음 '그림 53. 데이터 유형 카테고리 관리 예시' 참조.)

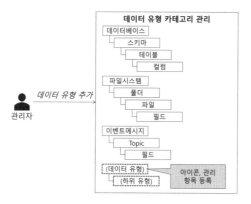

그림 53. 데이터 유형 카테고리 관리 예시

그림과 같이 해당 기업은 현재 '데이터베이스 > 스키마 > 테이블 > 컬럼', '파일시스템 > 폴더 > 파일 > 필드', '이벤트메시지 > Topic > 필드' 유형의 'Raw Data 객체'만 관리하고 있습니다. 하지만 '사용자 생성 객체'

인 '쿼리' 유형을 추가로 관리하고자 합니다. 그러면 '관리자'는 '데이터 유형 카테고리 관리' 화면의 하단에 추가할 '데이터 유형'을 입력합니다. 입력 후에는 해당 '데이터 유형'의 설정 화면에서 '아이콘'과 '관리 항목'을 등록합니다. '관리 항목'은 카탈로그 페이지의 '비즈니스'탭, '기술'탭, '활용'탭에서 각각 관리할 항목을 의미합니다.

이와 같은 방식으로 관리할 '데이터 유형'을 지속적으로 확장할 수 있으며, 이러한 '데이터 유형'은 데이터의 기술적 분류에 속하므로, '데이터 Steward'보다는 'IT 관리자'가 관리하는 것이 바람직합니다.

3-3. 데이터 요청(VoC) 처리

'데이터 요청 처리'는 사용자가 카탈로그 페이지에서 요청한 '카탈로그 큐레이션 요청', '실데이터 수집 요청' 건에 대해서 처리하는 기능을 의미합니다. 즉 사용자의 Data Lake 또는 Data Catalog와 관련한 VoC(Voice of Customer)를 처리하는 기능이라 생각하면 됩니다.

사용자가 카탈로그 페이지에서 '데이터 객체'에 대한 큐레이션을 요청하면, 해당 '데이터 Steward'에게 알림 메시지가 전달되고, '데이터 Steward'는 해당 알림 메시지를 확인하고, 해당 카탈로그 페이지에 접속하여 큐레이션을 수행합니다. 만약 해당 데이터에 대한 '데이터 Steward'가 지정되어 있지 않다면 '관리자'에게 알림 메시지가 전달되고, '관리자'는 해당 데이터에 대한 '데이터 Steward'를 우선적으로 지정하여 큐레이션이 이루어지도록 해야 합니다.

사용자가 필요한 실데이터의 수집을 요청하면, 관리자는 요청 내용을 확인하고 데이터 수집을 담당하는 운영자에게 전달합니다. 운영자가 데이터 수집 프로그램에 반영 후, 사용자는 처리 내용을 확인하고 실데이터를 활용할 수 있습니다. (다음 '그림 54. 데이터 요청 처리 프로세스' 참조.)

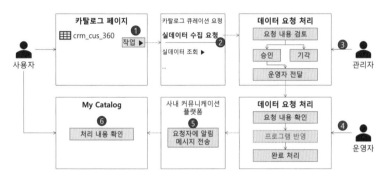

그림 54. 데이터 요청 처리 프로세스

그림의 좌측 상단에서 사용자는 카탈로그 페이지의 '작업' 버튼을 클릭하고(1), 작업 메뉴 중 '실데이터 수집 요청'을 선택합니다(2). 실데이터가 이미 Data Lake에 적재되어 있을 경우에는 해당 메뉴는 보이지 않을 것입니다. 관리자에게 VoC가 입력되었다는 알림 메시지가 전달되고, 관리자는 '데이터 요청 처리' 페이지에 접속하여 해당 내용을 검토합니다(3). 관리자는 원천 시스템 담당자와 협의 후 처리가 어려운 경우에는 해당 요청을 '기각'하고, 그렇지 않은 경우는 '승인' 후 데이터 수집 담당 운영자에게 전달합니다. 운영자는 알림 메시지 확인 후 '데이터 요청 처리' 페이지에 접속하여 요청 내용을 확인하고, 데이터 수집 프로그램에 반영합니다(4). 운영자의 완료 처리 후 사내 커뮤니케이션 플랫폼을 통해 요청자에게 알림 메시지가 전송되고(5), 요청자는 'My Catalog' 페이지에 접속하여 처리 내용을 확인합니다(6). 완료 처리 확인 후 사용자는 '대화식 쿼리 서비스'에 접속하여 해당 데이터에 대한 쿼리를 통해 실데이터를 조회할 수 있습니다.

3-4. 데이터 Life Cycle 관리

'데이터 Life Cycle 관리'는 데이터의 수집 또는 생성에서부터 보관, 이동, 폐기에 이르는 전체 생명 주기를 관리하는 기능입니다. 관리자는 '데이터 Life Cycle 관리' 화면에서 보관, 이동, 폐기 정책을 등록하고, 등록한 정책은 '데이터 배치 처리'의 '배치 스케줄러'에 자동으로 등록되어 스케줄에 따라 실행합니다.

이러한 '데이터 Life Cycle 관리'는 데이터의 안전하고 효율적인 보관과 활용을 위한 기능으로, 제대로 관리되지 못할 경우, 데이터 용량 부족 문제, 데이터 품질 문제, 데이터 활용까지도 어려운 상황이 될 수 있으므로, 적절한 정책의 수립, 그에 따른 신뢰도 높은 기능 구현이 필요합니다.

'데이터 Life Cycle 관리'는 Data Lake의 적재 위치별로 보관, 이동, 폐기 정책을 수립해야 합니다. 즉 '서비스 준비 Zone'인 '준비 데이터 영역', 'Ops 서비스 Zone'인 '원천 데이터 영역'과 '가공 데이터 영역', 'Dev 서비스 Zone'인 '작업 데이터 영역'에 따른 정책 수립이 필요합니다.

먼저, **'준비 데이터 영역'**은 원천 시스템으로부터 Raw Data를 수집하여 임시로 보관하는 영역으로, 카탈로그 서비스 전에 메타데이터를 생성하고, 데이터 보안 처리를 수행하는 영역입니다. 처리가 완료된 이후에는

'원천 데이터 영역'으로 이동(복사)하고, 기존 데이터는 즉시 폐기합니다. (다음 '그림 55. 데이터 Life Cycle 관리 예시-준비 데이터 영역' 참조.)

데이터 Life Cycle 관리			
준비 데이터 영역	원천 데이터 영역	가공 데이터 영역	작업 데이터 영역

사전 작업

작업명	작업 대상 폴더	작업 완료 폴더	이전 작업명
메타데이터 생성	pre_svc\inflow	pre_svc\meta_crt	Raw Data 수집
보안 데이터 처리	pre_svc\meta_crt	pre_svc\scr_proc	메타데이터 생성

데이터 관리 정책

작업명	대상 데이터	이동 타깃 폴더	실행 시점	이전 작업명
데이터 이동	ALL	raw_data	즉시	보안 데이터 처리
데이터 폐기	ALL	tmp	즉시	데이터 이동

그림 55. 데이터 Life Cycle 관리 예시-준비 데이터 영역

그림의 예시 화면과 같이, '준비 데이터 영역'탭의 '데이터 관리 정책' 목록을 보면, '메타데이터 생성'과 '보안 데이터 처리'를 완료한 모든 데이터에 대해 즉시 'raw_data' 폴더로 이동하고, 이후에 모든 데이터를 즉시 'tmp' 폴더로 이동, 즉 폐기하는 작업을 수행하도록 등록되어 있습니다. 이와 같이 '데이터 관리 정책'을 등록하고, 등록한 정책에 따라 자동으로 작업을 처리할 수 있도록 기능을 구성해야 합니다. 그래야만 향후 정책이 변경되더라도 그에 따른 프로그램 변경을 최소화할 수 있기 때문입니다.

다음으로 **'원천 데이터 영역'**은 Data Lake의 모든 Raw Data를 적재하여 Data Catalog를 통해 서비스하는 핵심 영역으로, 데이터 건수와 용량이 가장 많은 영역입니다. 이 영역은 기본적으로 데이터 분석가의 장기 데이터 분석을 위해 최소 보관 주기를 설정해야 합니다(통상 3년 이상). 단, 예외적으로 대용량(Terabyte 이상) 데이터에 대해서는 저장 공간 용량의 부담으로 인해 최소 보관 주기를 그 이하로 설정하거나, 일정 기간(6개월~1

년) 미활용 시 폐기하는 정책을 둘 수도 있습니다. 물론 해당 데이터를 폐기한 이후에도 사용자가 데이터 수집 요청 시 다시 적재할 수 있으니 서비스에 큰 문제가 발생하지 않을 것입니다.

또한 추가적인 예외 처리 대상으로, 정부의 규제 등으로 인해 10년~20년 정도 장기 보관해야 하는 데이터가 있습니다. 예를 들면, 자동차의 경우 10년 이상 운행되는 경우가 많고, 10년이 지난 시점에 차량에 문제가 발생한 경우, 리콜 대상 검토를 위해서는 해당 제품의 공정 추적을 위한 데이터가 필요하게 됩니다. 이러한 경우를 위해 10년 이상 제품 공정 데이터를 보관하도록 해야 합니다. (다음 '그림 56. 데이터 Life Cycle 관리 예시-원천 데이터 영역' 참조.)

데이터 Life Cycle 관리

준비 데이터 영역	**원천 데이터 영역**	가공 데이터 영역	작업 데이터 영역

사전 작업

작업명	작업 대상 폴더	작업 완료 폴더	이전 작업명
N/A			

데이터 관리 정책

작업명	대상 데이터	이동 타깃 폴더	실행 시점	이전 작업명
대용량 데이터 폐기	1TB 이상	tmp	6개월 미사용	N/A
장기 데이터 이동	#장기보관	raw_data\long_term_str	생성 후 3년	N/A
데이터 폐기	ALL	tmp	즉시	장기 데이터 이동

그림 56. 데이터 Life Cycle 관리 예시-원천 데이터 영역

'원천 데이터 영역'의 '데이터 Life Cycle 관리'를 위한 예시 화면에서, 하단 '데이터 관리 정책' 목록의 제일 상단 건은 '대용량 데이터 폐기' 작업으로써, 1테라바이트 이상의 용량을 가진 파일의 경우, 6개월간 미사용 시 폐기를 위해 'tmp' 폴더로 이동합니다. 그 아래는 '장기 데이터 이동' 작업으로, '장기보관' 태그가 붙은 데이터에 대해 데이터 생성 후 3년이 되

는 시점에 'raw_data₩long_term_str' 폴더로 이동합니다. 그 하단은 '데이터 폐기' 작업으로 '장기 데이터 이동' 작업을 완료한 모든 데이터에 대해 'tmp' 폴더로 이동하여 폐기 처리합니다.

이와 같이, 각 '데이터 관리 정책'을 등록 시, '대상 데이터'와 '이동 타깃 폴더', '실행 시점', '이전 작업명'을 등록하여 언제, 어떤 데이터를 대상으로, 어떤 작업을 수행할지를 자동으로 처리될 수 있도록 관리해야 합니다.

다음으로 **가공 데이터 영역**은 Raw Data가 아닌 '사용자 생성 객체'의 데이터를 보관하고 서비스하는 영역으로, Raw Data와 달리 별도의 원천 시스템과 원본 데이터가 존재하지 않습니다. 따라서 폐기 시 원본 데이터가 없으므로 더 이상 복구할 수 없음을 작성자에게 알리고 작성자의 승인 후 폐기하도록 해야 합니다. 또한 미활용 시의 폐기 기한을 Raw Data보다 길게 두는 것이 바람직합니다. (다음 '그림 57. 데이터 Life Cycle 관리 예시-가공 데이터 영역' 참조.)

데이터 Life Cycle 관리

준비 데이터 영역	원천 데이터 영역	**가공 데이터 영역**	작업 데이터 영역

사전 작업

작업명		작업 대상 폴더	작업 완료 폴더	이전 작업명
N/A				

데이터 관리 정책

작업명	대상 데이터	이동 타깃 폴더	실행 시점	이전 작업명
미사용 데이터 알림	ALL	N/A	최종 사용 후 3년	N/A
미사용 데이터 폐기	3년 미사용	tmp	작성자 폐기 승인	미사용 데이터 알림

그림 57. 데이터 Life Cycle 관리 예시-가공 데이터 영역

'가공 데이터 영역'의 '데이터 Life Cycle 관리' 예시 화면에서, '데이터 관

리 정책' 목록의 상단은 '미사용 데이터 알림' 작업입니다. 해당 작업은 '가공 데이터 영역'의 모든 데이터를 대상으로 최종 사용 후 3년이 지난 시점에 데이터의 작성자에게 알림을 보내 해당 데이터에 대한 폐기 승인을 요청하는 작업입니다. 그 하단은 '미사용 데이터 폐기' 작업으로 3년간 미사용 데이터를 대상으로 '미사용 데이터 알림' 작업 후 작성자가 폐기를 승인한 시점에 해당 데이터를 'tmp' 폴더로 이동하여 폐기 처리하는 작업입니다.

이렇게 '가공 데이터 영역'은 사용자의 데이터 활용을 기준으로 데이터의 보관/폐기 여부를 결정하여 관리하는 것이 바람직합니다. 다른 사용자의 활용을 위해 공유한 데이터이므로, 그 목적인 활용이 이루어지지 않는다면 굳이 부족한 공간 리소스를 차지하면서 존재할 이유가 없기 때문입니다. 데이터 적재 공간의 여유에 따라 데이터 폐기 시점을 3년 미만으로 할 수도 있을 것이고, 작성자의 폐기 승인 없이도 즉시 처리하는 방안도 있을 수 있습니다.

마지막으로 **작업 데이터 영역**은 사용자가 필요한 데이터를 다운로드하기도 하고, 데이터를 가공하여 생성할 수도 있는 영역으로, 사용자별/부서별/프로젝트별로만 조회할 수 있는 권한을 부여하는, 즉 모든 사용자에게 공유되지 않는 영역입니다. 이 영역은 사용자가 자유롭게 데이터를 가공할 수 있는 'Dev 서비스 Zone'이므로, 카탈로그 서비스가 이루어지는 'Ops 서비스 Zone'에 비해 좀 더 엄격한 관리가 필요합니다. 사용자에게 무제한으로 작업 공간을 제공할 수는 없기 때문입니다. 따라서 '작업 데이터 영역' 내의 모든 데이터는 원칙적으로 생성/다운로드 후 일정 기간(통상 6개월~1년 이내)이 지나면 폐기하며, 카탈로그에 배포가 이루어진 데이터는 즉시 폐기가 이루어지도록 하는 것이 바람직합니다. (다음 '그림 58. 데이터 Life Cycle 관리 예시-작업 데이터 영역' 참조.)

데이터 Life Cycle 관리			
준비 데이터 영역	원천 데이터 영역	가공 데이터 영역	**작업 데이터 영역**

사전 작업

작업명	작업 대상 폴더	작업 완료 폴더	이전 작업명
N/A			

데이터 관리 정책

작업명	대상 데이터	이동 타깃 폴더	실행 시점	이전 작업명
데이터 이동	카탈로그 배포 대상	proc_data	즉시	N/A
배포 데이터 폐기	카탈로그 배포 완료	tmp	즉시	데이터 이동
미사용 데이터 폐기	6개월 미사용	tmp	최종 사용 후 6개월	N/A

그림 58. 데이터 Life Cycle 관리 예시-작업 데이터 영역

그림과 같이 '데이터 Life Cycle 관리' 예시 화면의 '작업 데이터 영역'탭에서 '데이터 관리 정책'을 등록하며, '데이터 관리 정책' 목록의 첫 번째는 '데이터 이동' 작업으로, 카탈로그 배포 대상 데이터에 대해 '가공 데이터 영역'인 'proc_data' 폴더로 이동하는 작업입니다. '데이터 이동' 작업 후에는 '배포 데이터 폐기' 작업이 이루어지며, 카탈로그 배포가 완료된 데이터에 대해 폐기('tmp' 폴더로 이동)를 수행하는 작업입니다. 이와 별도로 '미사용 데이터 폐기'는 최종 사용 후 6개월이 지난 데이터에 대해 폐기를 수행하는 작업입니다.

3-5. 데이터 품질 관리

'데이터 품질 관리'는 '데이터 Steward'가 Data Lake의 데이터 품질을 원활하게 관리할 수 있도록 지원하는 기능으로, '데이터 Steward'가 '데이터

프로파일링' 현황을 기반으로 품질 문제를 식별하고 관리하는 기능과 데이터 품질 관리 규칙(Rule)을 등록하여 문제를 자동으로 식별하여 관리하는 기능으로 구분됩니다.

먼저, **'데이터 프로파일링' 현황을 기반으로 한 품질 관리**는 '데이터 Steward'가 카탈로그 화면에서 '데이터 객체'별 '데이터 프로파일링' 현황을 확인하고, 이상 데이터 발견 시 해당 내용을 등록하고 담당자를 지정하여 관리하는 기능입니다. (다음 '그림 59. 데이터 프로파일링 현황 기반의 품질 관리' 참조.)

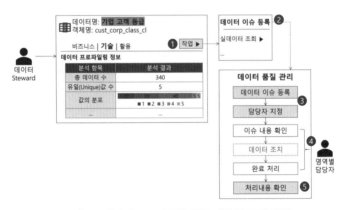

그림 59. 데이터 프로파일링 현황 기반의 품질 관리

그림에서 '데이터 Steward'는 '기업 고객 등급'이라는 '데이터 객체'의 카탈로그 페이지에서 '데이터 프로파일링' 정보를 확인한 후, 데이터 품질 문제를 등록하기 위해 '작업' 버튼을 클릭합니다(1). 나타나는 메뉴 중 '데이터 이슈 등록'을 선택하면(2), '데이터 품질 관리' 화면이 실행되고, '데이터 Steward'는 데이터 이슈를 등록하고 담당자를 지정합니다(3). 담당자

Data Catalog 만들기

는 원천 시스템의 문제일 경우 '데이터 오너', 데이터 수집/처리 프로그램의 문제일 경우 'IT 운영자' 등이 될 수 있습니다. '영역별 담당자'는 알림 메시지를 전달받고, '데이터 품질 관리' 화면에 접속하여 이슈 내용을 확인 후 조치를 취한 후 완료 처리를 합니다(4). '데이터 Steward'는 완료 처리되었다는 알림 메시지를 전달받고, '데이터 품질 관리' 화면에 접속하여 처리 내용을 확인합니다(5).

이와 같은 '데이터 프로파일링' 기반의 품질 관리는 전반적으로 수작업 기반으로 처리되는 프로세스이며, '데이터 Steward'의 업무 수행 역량과 노력에 지나치게 의존해야 하는 단점이 있습니다. 그리고 '데이터 품질 관리'의 워크플로우 처리 기능은 별도로 구성하는 것보다는 전사에서 이미 활용 중인 '지라(JIRA)'와 같은 이슈 관리 솔루션이 있다면, 이를 활용하는 것이 바람직합니다.

다음으로, **규칙(Rule) 기반의 데이터 품질 관리**는 '데이터 Steward'가 데이터 품질 문제 식별을 위한 규칙을 등록하면, 해당 규칙에 따라 자동으로 문제를 식별하여 '데이터 Steward'에게 알려 주며, '데이터 Steward'는 이를 데이터 품질 문제로 등록하여 관리하는 기능입니다. '데이터 프로파일링' 기반의 품질 관리에 비해 수작업이 적어 비교적 현실적인 대안으로 생각할 수 있으나, 모든 품질 문제를 '규칙(Rule)'을 통해 식별할 수 있을지가 관건일 것입니다. 이러한 우려는 객체별 특성을 고려하여 예상되는 품질 문제에 대한 규칙을 등록, 관리함으로써 일정 부분 해소할 수 있을 것입니다. (다음 '그림 60. 규칙(Rule) 기반의 데이터 품질 관리' 참조.)

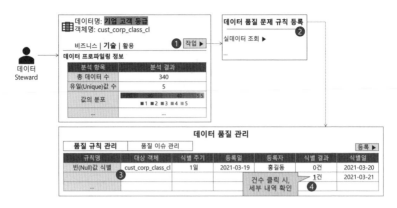

그림 60. 규칙(Rule) 기반의 데이터 품질 관리

그림의 예시와 같이 '데이터 Steward'는 'cust_corp_class_cl'이라는 컬럼 객체의 '데이터 프로파일링' 결과를 조회하고, 자주 발생하는 문제에 대한 규칙을 등록하기 위해 '작업' 버튼을 클릭합니다(1). 나타나는 메뉴 중 '데이터 품질 문제 규칙 등록'을 선택하면(2), '데이터 품질 관리' 화면 내 '품질 규칙 관리'탭에서 규칙을 등록합니다. '대상 객체'에는 'cust_corp_class_cl'이 선택되어 있고, 등록 가능한 식별 규칙 목록 중 선택하여 규칙을 등록하며, 식별 주기를 선택합니다(3). 등록된 규칙과 주기는 자동으로 '배치 스케줄러'에 등록되며, '배치 스케줄러'는 일정에 따라 자동으로 실행 후 결과를 제공합니다. 작업 실행 결과는 '식별 결과'에 나타나며(4), 식별 건수를 클릭 시, 어떤 건이 식별되었는지 세부 내역을 확인할 수 있습니다.

'규칙 기반의 데이터 품질 관리' 역시 완전 자동화는 아니지만, 문제 식별 과정을 일부 자동화할 수 있습니다. 이를 완전히 자동화하기 위해서는 데이터 품질 문제를 등록하고 조치할 때마다, '카탈로그 Agent'가 해당 데이터 품질 문제를 분석하여 학습하고, 예상되는 품질 문제 발생 대상 객체를 자동으로 식별하여 등록함으로써, 일부 해결할 수는 있을 것입니다. 이에 대한 좀 더 상세한 내용은 '미래 발전 방향' 챕터에서 다루도록 하겠습니다.

3-6. 플랫폼 보안 관리

'플랫폼 보안 관리'는 Data Catalog 활용을 위한 사용자 권한을 관리하고, 정부의 보안 규제를 준수하고 민감 데이터 보호를 위한 데이터 보안 정책을 등록하여 관리하며, 민감한 데이터를 필요한 사용자에게 안전하게 제공하도록 관리하는 기능입니다.

먼저, **'사용자 권한 관리'**는 사용자의 역할을 구분하여 각 역할에 맞는 Data Catalog 활용 권한을 부여하는 기능입니다. Data Catalog와 Data Lake는 전사의 사용자를 대상하는 시스템으로, 다양한 역할이 필요합니다. Data Catalog 사용자의 역할은 크게 '데이터 분석가', '데이터 관리자', '시스템 운영자'로 구분할 수 있으며, '데이터 분석가'는 세부적으로 'Citizen 분석가'라고 불리는 '일반 사용자'와 'Data Scientist'라고 불리는 '고급 사용자'로 구분할 수 있습니다. '데이터 관리자'는 원천 시스템 담당자인 '데이터 오너'와 카탈로그 데이터 서비스 큐레이션을 담당하는 '데이터 Steward'로 구분할 수 있습니다. '시스템 운영자'는 Data Catalog 시스템의 전반적인 운영을 총괄하는 '시스템 관리자'와 각 영역별로 '시스템 담당자'로 구분할 수 있습니다. (다음 '그림 61. Data Catalog 사용자 권한 관리 예시' 참조.)

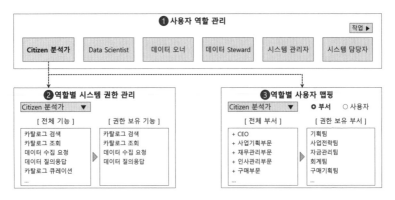

그림 61. Data Catalog 사용자 권한 관리 예시

그림과 같이 상단의 '사용자 역할 관리' 화면(1)에서는 위에서 언급한 6개의 사용자 역할이 등록되어 있고, 우측 '작업' 버튼을 클릭하여 이를 좀 더 세분화하거나 추가, 삭제할 수 있습니다. 이들 각 역할에 대한 시스템 권한을 좌측 하단의 '역할별 시스템 권한 관리' 화면과 같이 관리할 수 있습니다(2). 화면 상단의 사용자 역할을 선택하고, 좌측의 전체 기능 목록 중에서 권한을 부여할 기능을 선택하여 우측으로 옮김으로써 해당 역할에 대한 권한을 부여할 수 있습니다. 또한 우측 하단 '역할별 사용자 맵핑' 화면과 같이 각 역할에 대한 부서와 사용자를 지정할 수 있습니다(3). 화면 상단의 사용자 역할을 선택 후, 좌측의 전체 부서 목록 중에서 권한을 부여할 부서를 선택 후 우측으로 옮김으로써 권한을 부여할 수 있습니다. 우측 상단의 '사용자' 라디오 버튼을 선택하여 사용자별로 권한을 부여할 수도 있을 것입니다.

다음으로 정부 규제 준수와 민감 데이터 보호를 위한 '**데이터 보안 정책 관리**'는 데이터 보안 유형별로 식별 태그를 등록하고, 각 태그별 보안 처리를 적용하도록 관리하며, 조회 권한을 부여하는 기능입니다. 앞선 '데이터 보안 처리' 기능에서 언급했듯이 세 가지 보안 데이터 유형, 즉 '개인 식별 정보', '산업 보안 데이터', '사내 민감 데이터'에 대해 식별할 태그와 보안 처리 방식, 조회 권한을 등록하여 관리합니다. (다음 '그림 62. 데이터 보안 정책 관리' 참조.)

데이터 보안 정책 관리

태그	보안 처리 유형	세부 처리 조건	조회 권한	등록일	등록자	적용 내역
#PII #이름	마스킹 ▼	첫 글자 제외	부서: OOO 사용자: OOO	2021-03-19	홍길동	**5**건
#PII #주민번호	암호화 ▼	AES 알고리즘	부서: OOO 사용자: OOO	2021-03-20	건수 클릭 시, 세부 내역 확인	**1**건
#산업보안 #제품설계	암호화 ▼	AES 알고리즘	부서: OOO 사용자: OOO	2021-03-02	김호수	**52**건
#산업보안 #공정설계	암호화 ▼	AES 알고리즘	부서: OOO 사용자: OOO	2021-03-03	김호수	**35**건
#사내민감 #사원개인	비식별화 ▼	임의 데이터 대체	부서: OOO 사용자: OOO	2021-03-08	이바다	**15**건
#사내민감 #직원인사	마스킹 ▼	전체	부서: OOO 사용자: OOO	2021-03-09	이바다	**4**건
#(태그 입력)	(처리 유형 선택) ▼	(조건 입력)	(부서 선택) (사용자 선택)	YYYY-MM-DD	-	-건

그림 62. 데이터 보안 정책 관리

그림은 '데이터 보안 정책 관리'를 위한 예시 화면으로, 보안 데이터를 식별할 '태그'를 등록하고, 해당 '태그'가 붙은 데이터에 대한 '보안 처리 유형(마스킹/비식별화/암호화)'을 선택합니다. 다음으로 선택한 '보안 처리 유형'에 따른 적용 시 '세부 처리 조건'을 입력합니다. 예를 들어, '마스킹' 처리 시에는 어떤 부분을 마스킹할 것인지 입력하고, '암호' 처리 시에는 어떤 알고리즘을 적용할 것이며, '비식별화' 시에는 어떤 방식을 적용할 것인지를 입력해야 합니다. 이를 프로그램의 변수로써 처리하여 자동화가 가능하도록 입력 방식을 고려해야 합니다. 다음은 해당 데이터를 조회할 권한이 있는 부서와 사용자를 선택합니다. 그 우측에는 등록한 보안 정책에 따라 몇 건의 데이터를 식별하여 적용하였는지를 보여 주고, 해당 건수를 선택했을 때는 적용 데이터의 목록이 나타나야 합니다.

이러한 '사용자 권한 관리'와 '데이터 보안 정책 관리' 외에도 추가적인 플랫폼 보안 관리 기능이 필요하나(침입 탐지 및 방지, 인증 관리 등), 통상적으로 인프라 관리 차원에서 이루어지므로 설명을 생략하도록 하겠습니다.

3-7. 플랫폼 모니터링

'플랫폼 모니터링'은 관리자가 Data Catalog 서비스의 처리 현황과 상태를 실시간으로 모니터링할 수 있는 기능입니다. 데이터 수집에서부터 처리, 보관에 이르는 'Back-End 기능'과 Data Catalog 화면을 중심으로 한 'Front-End 기능'을 모두 포함하여 모니터링합니다.

한눈에 모든 기능이 정상인지 확인할 수 있어야 하고, 이를 위해 정상 여부를 판단할 수 있는 기준 정보를 등록해야 합니다. 특정 영역에 문제가 생기면 이를 곧바로 인지할 수 있도록 해야 하며, 해당 영역의 담당자에게 즉시 알림 메시지도 제공해야 합니다. 또한 해당 담당자가 관련 로그 정보 등을 쉽게 찾아볼 수 있도록 해야 하며, 문제 발견 이후에는 전사의 '장애 처리 프로세스'와 연계가 이루어지도록 해야 합니다. (다음 '그림 63. 플랫폼 모니터링 예시' 참조.)

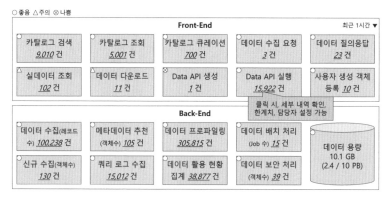

그림 63. 플랫폼 모니터링 예시

그림은 '플랫폼 모니터링'의 예시 화면으로, Data Catalog의 모든 Front-End 및 Back-End 기능을 빠짐없이 모니터링하고 있습니다. 각 기능의 단위 시간당 처리 현황을 보여 주고, 현재 상태를 설정된 '한계치(Threshold)'에 근거하여 보여 주고 있습니다. 처리 현황을 보여 주는 단위 시간은 우측 상단에서 설정이 가능하고, 예시에서는 '최근 1시간'으로 설정되어 있습니다.

Front-End의 첫 번째 기능 '카탈로그 검색'의 경우 최근 1시간에 9,010건이 처리되었음을 알 수 있고, 이는 정상적인 상태로 해당 상자의 좌측 상단에 '○'가 표시됩니다. 하지만 그 하단의 '실데이터 조회'의 경우 최근 1시간에 102건이 처리되었고, 이는 비정상치의 기준에 근접하여 '△'가 표시되었습니다. 그 우측의 '데이터 다운로드'의 경우도 11건으로 비정상치 기준에 근접한 '△'가 표시되었으며, 그 우측의 '데이터 API 생성'의 경우 1건으로 비정상치 기준을 초과하여 'X'가 표시되어 있습니다. 문제가 있어 보이는 세 가지 기능은 모두 '대화식 쿼리 서비스'의 기능으로써, 해당 서비스에 뭔가 문제가 있음을 파악할 수 있습니다.

이러한 기준이 되는 한계치에 대한 설정은 각 기능을 클릭하여 설정할 수 있고, 해당 기능에 대한 담당자도 설정할 수 있습니다. 위의 문제가 발생한 기능의 경우 지정한 담당자에 알림 메시지가 전송되며, 담당자는 문제가 생긴 기능의 건수를 클릭하여 세부 로그를 확인할 수 있습니다.

Front-End의 모니터링 대상 기능들은 모두 앞선 '전사 활용 대시보드'에 포함되었던 기능이나, 대시보드와의 차이점은 대시보드의 경우 최근 1달간과 같은 장기간 활용 현황을 보여 주나, 모니터링의 경우 최근 1시간, 1분과 같은 실시간성의 처리 현황을 보여 준다는 것입니다. Back-End의 모니터링 대상 기능들은 화면에 보이는 기능은 아니나 정상적인 Data Catalog 서비스를 위해 서버에서 처리해야 하는 기능들로, 해당 기능에 문제가 생기면 사용자가 활용하는 Front-End에도 문제가 발생하므로, 세부적인 Back-End 기능들에 대해서도 모니터링이 필요합니다.

추가적으로 Data Lake의 적재 용량도 모니터링이 가능해야 하며, 그림의 Back-End 가장 우측의 '데이터 용량'을 통해 최근 1시간에 10.1기가바이트의 데이터가 적재되었음을 보여 줍니다. 그 하단에는 10페타바이트의 전체 적재 공간 중 현재까지 누적으로 2.4페타바이트가 적재되었음을 보여 주고 있습니다.

이러한 '플랫폼 모니터링'을 위해 필요한 데이터는 성능을 고려하여 별도의 '키-값 기반의 NoSQL 데이터베이스'에 저장하는 것이 바람직하며, '카탈로그 활용 로그 데이터베이스', '쿼리 로그 데이터베이스', '데이터 프로파일 데이터베이스', '배치 스케줄러 데이터베이스' 등의 Back-End 데이터베이스를 통해 필요한 데이터를 제공받아야 합니다.

이 '플랫폼 모니터링'은 Data Catalog 기능이 원활하게 서비스되고 있는지를 점검하기 위한 모니터링 기능으로, Data Catalog 운영자/관리자가 담당해야 하는 기능 중심으로 구성되어 있습니다. 각 서비스 서버와 데이터베이스의 성능과 관련한 모니터링은 통상 IT 인프라를 담당하는 조직에서 별도 관리하고 있으므로, 본 책에서는 생략하도록 하겠습니다.

제4장

Data Catalog 개발 절차

지금까지 Data Catalog의 개념과 구현해야 할 기능을 중심으로 알아보았고, 이제부터는 이러한 기능을 어떤 절차를 걸쳐 구축해야 할지를 설명하겠습니다. 최초 기획 단계에서부터 설계, 개발 및 테스트에 이르기까지의 전체 과정을 살펴보고, 각 단계별 세부 절차와 고려사항, 주의해야 할 사항도 함께 제시하겠습니다. Data Catalog의 구축을 추진하는 경영진들, 구현을 책임지는 담당자들은 특히 이러한 개발 단계를 습득하고, 자사에 맞는 개발 절차를 수립하여 사업을 추진해야 할 것입니다. (다음 '그림 64. Data Catalog 개발 절차' 참조.)

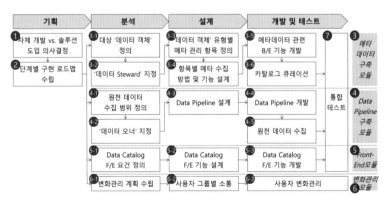

그림 64. Data Catalog 개발 절차

그림과 같이 Data Catalog의 개발을 위해서는 기획 단계, 분석 단계, 설계 단계, 개발 및 테스트 단계를 거쳐야 합니다. 최초 **기획 단계**는 우선 자체 개발을 할지 솔루션을 도입할지에 대한 의사결정을 한 후(1), 단계별 구현 로드맵을 수립합니다(2). 다음 **분석 단계**부터, **설계 단계**, **개발 및 테스트 단계**는 Data Catalog의 구현을 위한 모듈별로 구분하여 진행합니다. 메타데이터 수집, 생성 및 큐레이션을 위한 '**메타데이터 구축 모듈**(3)', 원천 시스템의 Raw Data를 수집 Pipeline을 구축하기 위한 '**Data Pipeline 구축 모듈**(4)', Data Catalog의 사용자 화면 구현을 위한 '**Front-End 모듈**(5)', 사용자 변화관리를 위한 '**변화관리 모듈**(6)'로 구성되며, 마지막 작업(Task)은 전체 모듈의 기능을 점검하는 '**통합 테스트**(7)'입니다.

먼저 '**메타데이터 구축 모듈**'의 분석 단계에서 가장 먼저 해야 하는 작업은 메타데이터를 구축할 대상 '데이터 객체'를 정의하는 일입니다(3-1). 다음은 '데이터 객체'별로 카탈로그 큐레이션을 담당할 '데이터 Steward'를 지정하고(3-2), 물론 이 작업은 원천 데이터의 수집 범위를 정의하는 작업과 병행하여 수행해야 합니다(4-1). 다음 설계 단계에서는 '데이터 객체' 유형별로 관리할 메타데이터 항목을 정의하고(3-3), 각 항목별로 메타데이터를 수집할 방법과 기능을 설계합니다(3-4). 다음 개발 및 테스트 단계에서는 메타데이터를 수집하고 생성하기 위한 Back-End 기능을 개발하며(3-5), 기능 개발 후에는 '데이터 Steward'가 카탈로그 큐레이션 작업을 수행합니다(3-6).

다음으로 '**Data Pipeline 구축 모듈**'의 분석 단계에서 가장 먼저 해야 하는 작업은 원천 데이터를 수집할 범위를 정의하는 일입니다(4-1). 다음은 수집할 각 '데이터 객체'별로 '데이터 오너'를 지정하고(4-2), 다음 설계 단계에서는 수집할 데이터의 Pipeline을 설계합니다(4-3). 다음 개발 및 테스트 단계에서는 데이터 수집을 위한 Pipeline을 개발하며(4-4), 개발이 완료된 Data Pipeline에 따라 수집을 시작합니다(4-5).

다음으로 **'Front-End 모듈'**의 분석 단계에서는 Data Catalog의 사용자 화면에서 구현해야 할 요건(Requirement)을 정의하는 작업부터 시작합니다(5-1). 다음으로 설계 단계에서는 요건 구현을 위한 Front-End 기능을 설계하고(5-2), 다음 개발 및 테스트 단계에서는 설계 결과에 따른 개발을 수행합니다(5-3).

마지막으로 **'변화관리 모듈'**의 분석 단계에서는 사용자 변화관리를 위한 계획을 수립하는 작업을 가장 먼저 수행하고(6-1), 다음 설계 단계에서는 Data Catalog의 사용자 그룹별('데이터 오너', '데이터 Steward', 'Data Scientist', 'Power User', '경영진')로 커뮤니케이션을 수행하며(6-2), 개발 및 테스트 단계부터는 일반 사용자를 대상으로 한 커뮤니케이션과 교육을 수행합니다(6-3).

1. 자체 개발 vs. 솔루션 도입 의사결정

Data Lake 플랫폼 구축 시 Data Catalog를 직접 개발할지, 솔루션을 도입할지 결정하는 것은 쉽지 않은 일입니다. 특히 Data Catalog가 무엇인지, 어떤 기능을 갖추어야 하는지 등에 대한 전문 지식이 없는 상태에서, 또한 자사의 명확한 방향성과 요건이 없는 상태에서는 더욱 어렵습니다.

그래서 최초에 Data Lake와 Data Catalog를 도입 시에는 사내의 IT 담당자, 빅데이터 담당자, 데이터 분석가, 현업(업무) 담당자 등으로 구성된 소규모 '연구팀(Task Force: TF)'을 구성하여 전반적인 솔루션의 기능과 요건에 대한 학습을 하는 기간이 필요합니다. 이 기간에는 문헌 조사와 관련 솔루션 벤더와의 미팅과 병행하여, Amazon AWS나 Microsoft Azure 등의 Cloud 벤더에서 제공하는 서비스를 실제로 이용해 보는 것을 권고합니다. 사내의 주요한 타깃 데이터를 선정하여 Cloud 서비스를 통해 소규모 Data Lake를 구축하고, Data Catalog 서비스를 실제 활용해 보는 것입니다. 일정 기간을 활용하면서 서비스에 대한 대략적인 기능, 장/단점을 파악 후에 Data Catalog 솔루션 간의 비교 분석을 수행하면, 좀 더 이해도를 높일 수 있을 것입니다.

몇 가지 주의할 사항은 첫 번째, **연구팀 구성 시 IT 담당자로만 구성하지 않기**를 권고합니다. IT 담당자들은 기술적 용어에 익숙하고, 비즈니스적 측면보다는 기술적 측면을 강조해서 보는 경향이 있기에 반드시 비즈니스 측면에서 검토할 수 있는 인원을 포함해야 합니다. 따라서 비즈니스 분석가, 현업 담당자 등을 반드시 연구팀에 포함하기 바랍니다. 또한 기존의 Legacy 시스템 운영 담당자보다는 빅데이터 기술에 대한 이해도가 높은 인력을 포함하는 것이 바람직할 것입니다.

두 번째, **다양한 국내/외 Data Catalog 솔루션을 검토**하기를 권고합니다. 국내에는 아직 Data Catalog라고 할 만한 솔루션이 없는 것이 현실입니다. 국내 벤더는 대부분 기존 '관계형 데이터베이스' 중심의 '메타데이터 관리 시스템' 혹은 'DA(Data Architecture) 시스템'이라고 부르는 솔루션을 제공하고 있습니다. 즉 Data Catalog의 중요한 핵심 기능들이 많이 포함되어 있지 못합니다. 반면 해외의 벤더들은 다양한 특성을 보유한 Data Catalog 솔루션을 출시하고 있고, 지속적으로 다양한 산업의 기업들에 적용되면서 업그레이드 중에 있습니다. 하지만 불행히도 대부분 아직 국내에 본격적인 영업을 하지 않고 있어 해외 본사에 직접 Contact을 해야 할 수도 있습니다. 유튜브 등 SNS를 통해 전반적인 기능 파악은 가능하니, 일단 외부에 알려진 자료를 중심으로 검토하여 1차 스크리닝 후 직접 Contact하는 방법을 추천합니다.

본 책은 가장 대표적인 Data Catalog 솔루션이라고 일컬어지는 'Alation Data Catalog'와 'Waterline Data(현 Lumada Data Catalog)', 그리고 통상적인 '메타데이터 관리 시스템(Metadata Management System)' 간의 기능 비교를 우선 제시하며, 이 외에도 다양한 솔루션이 있으니 비교 검토해 보기 바랍니다. (다음 '그림 65. Data Catalog 솔루션 간 기능 비교' 참조.)

Data Catalog 만들기

기능	Alation Data Catalog	Waterline Data	메타데이터 관리 시스템

대상 객체	• Raw Data
	  - DB, 파일시스템
	• 사용자 생성 객체
	  - 쿼리, 보고서/대시보드, 아티클,
	    질의응답 등
		• Raw Data
		  - DB, 파일시스템
			• Raw Data
			  - DB(테이블만 대상)

카탈로그 검색	• 키워드 검색
	  - 키워드 자동완성
	  - 키워드 변경 시 실시간 검색결과
	    변경
	  - 검색결과 가독성 높고, 우선순위화
	  - 데이터 유형 카테고리 검색
	  - 카테고리별 키워드 검색 가능
		• 키워드 검색
		  - 검색결과를 다양한 조건으로 필터링
		• 비즈니스 카테고리 검색
		  - 사용자 입력 태그 기반
		  - 태그 간 계층구조 조정
		  - 다양한 조건 기반 고급 검색
			• 키워드 검색
			  - 테이블명으로만 검색

카탈로그 조회	• 비즈니스 메타
	  - 제목, 태그 추천(M/L 기반), 설명
	  - 데이터 Steward, 인기 사용자
	• 기술 메타
	  - 데이터 리니지 추천(쿼리 로그 기반)
	  - 컬럼/필드 정보, 데이터 구조 정보
	• 운영 메타
	  - 해당 객체 활용 쿼리, JOIN 등
		• 비즈니스 메타
		  - 제목, 태그 추천(M/L 기반), 설명
		  - 데이터 Steward
		• 기술 메타
		  - 데이터 프로파일링 제공
		  - 데이터 리니지 추천(객체명 기반)
		  - 컬럼/필드 정보, 데이터 구조 정보
			• 비즈니스 메타
			  - 객체별 설명
			  - 데이터 오너
			• 기술 메타
			  - 컬럼 정보, 객체 간 관계 정보

데이터 수집 요청	• N/A	• N/A	• 제공
데이터 질의 응답	• 객체별 질의 응답 • 별도 객체로 카탈로그 검색 가능	• 객체별 데이터 Steward에 질의	• N/A

카탈로그 큐레이션	• 사용자의 설명, 태그 입력, 데이터 품질
	  평가, 활용 시 주의사항
	• 객체 상세 검색 후 공통 정보 수정
	  (Catalog Set)
	• 객체 유형별 입력 템플릿 제공
		• 사용자의 설명, 태그 입력, 데이터
		  평가/리뷰
			• N/A

실데이터 조회	• 쿼리 작성, 조회, 다운로드 • 다양한 쿼리 작성 지원	• 샘플데이터	• N/A
실행 스케줄러	• 쿼리 실행 주기 설정	• 주기적 데이터 전송(1:1)	• N/A

데이터 전처리/분석
도구 연계
	• 카탈로그 페이지에서 다양한
	  전처리/분석 도구로 연계
	• 분석 도구에서 카탈로그로 배포
		• 카탈로그 페이지에서 다양한
		  전처리/분석 도구로 연계
			• 데이터 모델링 도구와 연계

용어사전 관리	• 비즈니스 용어사전 관리	• N/A	• 데이터 사전 관리
My Catalog	• 나의 작업 현황, 추천 데이터 제공	• 나의 작업 현황 제공	• N/A

그림 65. Data Catalog 솔루션 간 기능 비교

그림과 같이 Front-End 기능을 중심으로 세 가지 솔루션에 대해 비교해 보았습니다. 먼저 '**대상 객체**'는 Alation의 경우, 데이터베이스, 파일시스템과 같은 'Raw Data 객체'뿐만 아니라 쿼리, 보고서/대시보드, 지식(Article), 심지어 질의응답 등의 '사용자 생성 객체'도 별도 객체화하여 관리합니다. 여기서 데이터베이스의 경우 스키마, 테이블, 컬럼도 모두 별도로 관리하며, 파일시스템의 경우 폴더, 파일, 필드도 별도의 객체로 관리합니다. 하지만 Waterline의 경우 'Raw Data 객체'만 관리하고, '사용자 생성 객체'를 별도로 관리하지는 않습니다. 그리고 '메타데이터 관리 시스템'은 'Raw Data 객체' 중에서도 통상 '관계형 데이터베이스'의 테이블만 객체로 관리하는 경우가 대부분입니다.

다음으로 '**카탈로그 검색**' 기능은 Alation의 경우, '키워드 검색' 시 검색어 자동완성 기능을 제공하고, 키워드 변경 시 하단의 검색결과를 실시간으로 변경하며, 검색결과에 키워드를 강조(볼드체)하고 우선순위를 조정(일치도, 인기도 고려)하는 등의 강력하면서도 사용자 친화적인 검색 기능을 제공합니다. 또한 '데이터 유형 카테고리 검색' 기능을 통해 객체의 '데이터 유형'별로도 트리(Tree) 구조의 검색 기능과 함께, 각 카테고리 내에서 키워드 검색을 통한 필터링 기능도 제공합니다. Waterline의 경우, '키워드 검색' 시 검색결과에 대한 다양한 조건을 제공하여 필터링할 수 있는 기능을 제공하고, 다양한 조건을 통해 검색할 수 있는 '고급 검색' 기능도 제공합니다. 또한 '비즈니스 카테고리 검색' 기능을 사용자가 입력하는 태그를 기반으로 하되, 관리자가 태그 간의 계층구조(Hierarchy)를 조정할 수 있도록 하여 제공합니다. 반면 '메타데이터 관리 시스템'은 통상 테이블명을 통한 검색 기능만을 제공합니다.

다음으로 '**카탈로그 조회**' 기능은 Alation의 경우, '기계 학습(Machine Learning)'을 기반으로 하여 객체의 제목, 태그를 추천하는 기능과, 설명, 데이터 Steward, 인기 사용자 등 다양한 '비즈니스 메타데이터' 정보를 제공합니다. 또한 쿼리 로그를 기반으로 한 '데이터 리니지' 추천 정보를 제공하고, 기본적인 컬럼, 필드, 데이터 구조 정보 등의 '기술 메타데이터' 정보를 제공합니다. 추가적으로 해당 객체를 활용한 쿼리나 Join 대상 정보를 쿼리 로그 파싱을 통해 제공합니다. Waterline의 경우, '데이터 프로파일링' 결과 정보를 제공하고, '데이터 리니지' 정보를 객체명을 기반으로 추천하는 점이 상이하며, 쿼리, Join, 인기 사용자 등의 '운영 메타데이터'를 기반으로 한 정보는 제공하지 않습니다. '메타데이터 관리 시스템'은 객체별 설명, 데이터 오너 정보만을 '비즈니스 메타데이터'로써 제공하며, '기술 메타데이터'는 테이블의 컬럼 정보, 테이블 간 관계(Primary Key, Foreign Key 등) 정보만을 제공합니다. '운영 메타데이터'를 기반으로 한 정보는 역시 제공하지 않습니다.

다음으로 **'데이터 수집 요청'** 기능은 '메타데이터 관리 시스템'만이 제공하는 기능으로, 다른 솔루션은 'VoC(Voice of Customer)' 관련 기능은 제공하지 않습니다. 통상적인 대기업은 별도의 '전사 SR(Service Request)/TT(Trouble Tickets) 시스템'을 통해 IT VoC를 통합 관리하는 체계이기 때문입니다.

다음으로 **'데이터 질의 응답'** 기능은 Alation의 경우, 객체별로 질의 응답을 관리하는 페이지가 별도로 있어 다른 사용자들의 질의 응답이력까지 공유하는 체계이고, '데이터 Steward'뿐만 아니라 '인기 사용자'에게 질의하는 것도 가능합니다. 또한 질의응답 객체를 별도로 관리하여 '키워드 통합검색'을 통해서도 검색이 가능합니다. Waterline의 경우는 객체별로 '데이터 Steward'에게 문의하는 기능만 존재하며, '메타데이터 관리 시스템'의 경우는 별도 문의 기능이 없습니다.

다음으로 **'카탈로그 큐레이션'** 기능은 Alation의 경우, 사용자들의 설명, 태그 정보 입력 기능과 함께, 각 '데이터 객체'에 대한 품질 평가를 할 수 있으며, 평가에 대한 코멘트를 입력할 수 있습니다. 또한 'Catalog Set'이라 불리는 기능으로써, 세부 조건을 통해 여러 개의 객체를 검색한 뒤, 한 번에 정보를 수정할 수 있는 기능이며, '데이터 Steward'의 편의를 위한 기능입니다. 또한 '보고서/대시보드', '지식(Article)' 등의 '사용자 생성 객체'에 대한 입력 템플릿을 제공하여, 사용자들이 충실하게 정보를 입력할 수 있도록 유도합니다. Waterline의 경우, 사용자들의 설명, 태그 정보 입력과 함께, 데이터에 대한 별정 평가, 리뷰 내용을 등록할 수 있습니다. 반면 '메타데이터 관리 시스템'의 경우 사용자 또는 '데이터 Steward'가 카탈로그 정보를 입력, 관리하는 기능이 없습니다.

다음으로 **'실데이터 조회'** 기능은 Alation의 경우, Data Catalog 내에서 단일 애플리케이션 서비스로 통합되어 있으므로, 쿼리를 작성하고 결과 데이터를 조회하고 다운로드하는 기능을 제공합니다. 또한 쿼리 작성 시 키워드를 추천하고, 객체 정보를 추천하고, 객체에 대한 카탈로그 정보도 함께 조회할 수 있는 등의 지원 서비스를 제공합니다. 반면 Waterline의 경우 샘플 데이터를 제공하는 정도이며, '메타데이터 관리 시스템'의 경우는 실데이터 조회 기능이 없습니다.

다음으로 **'실행 스케줄러'** 기능은 Alation의 경우, 쿼리에 대한 실행 주기를 설정하여 주기적으로 데이터를 다운로드할 수 있도록 하고, Waterline의 경우, '데이터 객체'별로 실데이터를 타깃 위치에 주기적으로 전송할 수 있는 기능을 제공합니다. '메타데이터 관리 시스템'의 경우 별도 기능이 존재하지 않습니다.

다음으로 **'데이터 전처리/분석 도구 연계'** 기능은 Alation의 경우, 카탈로그 페이지에서 해당 객체 데이터를 다양한 '데이터 전처리/분석 도구'로 연계하거나 쿼리 작성 결과를 연계하는 기능을 제공하고, 해당 전처리/분석 도구에서 작성한 '보고서/대시보드' 객체를 카탈로그로 배포하는 기능도 제공합니다. Waterline의 경우도 카탈로그 페이지에서 다양한 전처리/분석 도구로 데이터를 연계하는 기능을 제공하나, 해당 도구에서 작성한 결과물을 카탈로그로 배포하는 기능은 제공하지 않습니다. '메타데이터 관리 시스템'은 데이터 모델링 도구와 통합되어 있는 경우가 있어, 모델링 결과 메타데이터를 곧바로 조회할 수 있는 기능을 제공합니다.

다음으로 '**용어사전 관리**' 기능은 Alation의 경우, 비즈니스 용어사전을 포함해서 다양한 용도의 용어사전을 만들 수 있고, 각 사전 내에서 사용자가 직접 용어를 등록/수정하는 기능을 제공합니다. 반면 Waterline의 경우 별도의 용어사전 관리 기능을 제공하지 않으며, '메타데이터 관리 시스템'의 경우는 '데이터 사전 관리', 즉 데이터 모델링 시 표준 용어를 등록/관리하는 기능을 제공합니다.

마지막으로 '**My Catalog**' 기능은 Alation의 경우, 내가 수행한 쿼리 목록 등의 작업 이력 정보와 함께, 사용자의 프로파일(부서, 역할 등)을 기반으로 데이터를 추천하는 기능도 일부 제공합니다. Waterline의 경우는 나의 키워드 검색 이력, 카탈로그 조회 이력 등의 작업 이력 정보를 제공하며, '메타데이터 관리 시스템'의 경우 별도의 기능이 없습니다.

이와 같이 세 가지 Data Catalog 솔루션을 비교 분석한 결과, '메타데이터 관리 시스템'은 사실상 카　로그의 핵심 기능이 많이 빠져 있어 비교하기 어려운 솔루션으로 판단되며, Alation과 Waterline의 경우는 유사점도 많이 있으나, 차이점도 일부 존재합니다. 기능적 측면에서는 Waterline은 검색결과의 필터링 기능, 비즈니스 카테고리 관리 기능, 고급 검색 기능, 데이터 프로파일링 정보 기능이 Alation에 비해 상대적으로 우수한 기능으로 보이며, 그 외 기능은 Alation과 유사하거나 Alation이 비교적 더 우수한 기능을 많이 보유하고 있는 것으로 판단합니다. 그리고 UI/UX 측면에서도 Alation이 더 가독성이 좋고 디자인적 완성도가 높게 생각되므로, 일반적인 사용자에게 더 친숙하게 느껴질 것으로 판단합니다.

이 두 가지 솔루션 외에도 Collibra, Informatica, IBM 등의 벤더에서 Data Catalog 상용 솔루션을 제공하니, 위 그림과 같이 기능에 대한 비교 분석을 꼭 해 보길 권고합니다. Alation과 Waterline이 그렇듯이 각 솔루션별 강점이 있으므로, 이를 모두 종합한 '마스터 기능 목록'을 구성해 보기 바랍니다.

또한 이러한 기능적 요건 외에도 솔루션 선정 시에는 항상 고려해야 하는 사항들, 즉 구축 비용, 운영 비용 등 **비용적 측면**, 충분한 기술적 지원을 받기 위한 국내 엔지니어 보유 현황, 향후 시스템 전환 시 벤더 Lock-In 가능성, 현재 시장 상황, 향후 시장 전망 등 **리스크 요인**, Hadoop 플랫폼과의 연동, 다양한 분석 도구와의 연동, 서버 용량 확대 용이성, 다양한 언어의 수용 등 **확장성/유연성 측면** 등 다양한 측면의 요건들을 검토해야 합니다.

현실적으로 이러한 모든 요구조건을 만족시킬 수 있는 솔루션은 존재하기 어려우나, 이러한 솔루션을 자체 개발하기 위해서는 상당한 기간과 노력이 소요되는 것을 명심해야 합니다. Alation과 같은 솔루션은 지금까지 수천억 원의 투자가 필요했던 만큼 Data Catalog 서비스의 구현은 쉽지 않은 일이며, 아직까지도 많은 기능/비기능적 진화가 이루어지고 있습니다.

Data Catalog 솔루션이 모두 각각의 기능과 모습을 가지고 계속 진화하고 있는 것은 Jupyter Notebook, Tableau 등의 데이터 분석 도구와 같이 Plug-and-Play 방식의 도구라고 보기는 어려운 측면이 있기 때문입니다. 즉 특정 업무 또는 작업을 더 효율적이고, 더 세련된 방식으로, 더 신속하게 처리하기 위한 것이 아니라, 전사의 데이터의 수집/처리/분석/활용과 관련된 전반적 업무를 지원하고, 조정하고, 연계하고, 통합하는 역할을 수행해야 합니다. 따라서 이러한 업무를 정형화하기는 매우 어렵고, 정해진 기능을 보유한 도구의 모습으로 구현하기는 더욱 어려울 것입니다.

따라서 다양한 Data Catalog 솔루션의 기능을 참조하여 자신의 기업에 최적화된 모습으로 구현하려면 '자체 개발'을 선택하되, 충분한 기간과 비용을 염두에 두고 구현해야 하며, 그렇지 않은 경우는 자신의 기업에 가장 적합할 것으로 판단되는 솔루션을 선정하되, 위의 다양한 고려사항이 모두 포함될 수 있도록 해당 벤더와 충분히 조율/협의한 이후에 추진해야 할 것입니다.

2. 단계별 구현 로드맵 수립

다음 작업은 Data Catalog의 어떤 기능을 언제 구현할지 계획을 수립하는 단계입니다. Data Catalog의 구축 목적과 방향성을 수립하고, 단계별 추진 목표를 수립하며, 목표 달성을 위한 추진 방안과 주요 구현 내용을 수립합니다. 그 후 1단계 추진 사업에 대한 사업계획서를 작성하고, 예산을 확보하고, 사업 추진을 위한 준비를 수행해야 합니다.

우선 'Data Catalog의 구축 목적과 방향성 수립'을 위해서는 Data Catalog를 구축을 통해 궁극적으로 달성하고자 하는 목표 지점에 대해 기술하고, 이 지점에 도달하기 위해 추진해야 하는 과제를 도출해야 합니다. 이 목표 지점은 각 기업이 추구하는 비즈니스 목적과 이를 달성하기 위한 IT 방향성과도 부합(Align)하도록 수립해야 합니다. 또한 기존에 데이터의 활용과 관련한 이슈를 해결할 수 있는 방향으로 수립해야 합니다. 보다 구체적인 설명을 위해, 우선 '데이터 엔터프라이즈 Co'라는 가상의 기업이 데이터 활용과 관련한 처한 현재 상황을 기술해 보겠습니다.

"기존에 '데이터 분석가'가 필요한 데이터를 확보하기 위해서는, 우선 해당 데이터에 대한 원천 시스템을 찾고, 담당자와 협의하고 활용에 대한 승인을 받아야 합니다. 승인 후에는 해당 원천 시스템에 접속하여 수작업으로 데이터를 다운로드합니다. 이와 같은 과정을 확보해야 하는 원천 시스템의 수만큼 반복합니다. 다음으로 수작업으로 다운로드한 여러 테이블의 데이터를 다시 수작업으로 취합하고 분석을 위한 정제와 가공을 수행합니다. 데이터의 배경지식이 없는 상태에서 관련 담당자와 계속 커뮤니케이션해야 하며, 담당자의 응답이 늦어 기다려야 할 경우가 많으며, 이로 인해 임의로 판단해야 할 경우도 자주 발생합니다. 이 모든 과정은 로컬 PC 환경에서 이루어지며, 데이터의 분석 역시 로컬 PC에서 수행하는데, 대용량 데이터의 경우, 한 번에 분석이 불가능하므로, 데이터를 기간별로 나누어서 분석하며, 낮은 성능으로 인해 오랜 기간에 걸쳐 분석을 수행합니다. 분석 결과의 공유는 파일 서버에 결과 파일을 올림으로써 이루어지며, 이 분석 결과가 필요한 다른 '데이터 분석가'는 해당 분석가와 몇 번의 회의를 걸쳐 그 과정과 의미를 이해할 수 있습니다. 이 분석 결과를 현업 담당자에 공유하여 피드백을 받으니, 현업 담당자는 일부 데이터의 오류를 지적하며, 해당 데이터를 다른 데이터로 대체하여 다시 분석할 것을 요구합니다…."

이와 같은 '데이터 엔터프라이즈 Co'의 사례를 보면서, 아마 많은 독자들은 자신의 기업에 대한 예시라고 생각할 것입니다. 매우 뼈아픈 현실이긴 하지만 반드시 개선해야 할 이슈이기도 합니다. 이 '데이터 엔터프라이즈 Co'는 적극적 데이터 분석을 통해 공정 불량율 상승의 원인을 찾고 수익성을 개선하고자 하고 있으며, IoT, 빅데이터 등 최신 IT의 기술의 적극적 도입을 통해 이를 해결하고자 하고 있습니다. 이와 같은 상황에서 **'Data Catalog의 구축 목적'**을 예시적으로 기술해 본다면,

> "데이터 분석가가 필요한 데이터를 쉽게 찾을 수 있고, 해당 데이터의 대한 이해도를 높일 수 있으며, 해당 데이터를 최신의 전처리/분석 도구를 통해 손쉽게 활용할 수 있도록 합니다. 또한 데이터 분석 결과를 다시 손쉽게 공유하고, 각자의 업무에 적용 및 개선할 수 있는 환경을 조성하는 것이 본 사업의 목적입니다."

라고 기술할 수 있을 것입니다. 즉 비즈니스 목적, IT 방향성에 부합하면서, 현재 '데이터 분석가'의 데이터 활용과 관련된 이슈를 해결할 수 있도록 'Data Catalog의 구축 목적'을 작성하였습니다. 또한 이러한 목적을 달성하기 위한 **'Data Catalog의 주요 방향성**(과제)'을 예시적으로 기술하면,

- 전사의 주요 원천 데이터를 수집 및 적재하는 Data Lake 구축.
- 데이터의 탐색, 이해, 활용을 지원하는 Data Catalog 구축.

- 데이터 분석가가 빅데이터 처리 환경에서 작업할 수 있는 Sand-box 구축.
- 데이터 분석가의 데이터 활용 업무 프로세스의 개선.
- 데이터를 안전하고 고품질로 유지 및 보관할 수 있도록 거버넌스 체계 구축.

이와 같은 과제들을 도출할 수 있을 것입니다. 한 가지 주목해야 할 부분은 Data Catalog가 물론 사용자가 활용하는 핵심적인 서비스이긴 하지만 Data Catalog만 구축한다고 해서 모든 문제를 해결할 수는 없다는 것을 명심해야 합니다. 실데이터를 수집하고 적재하는 'Data Lake', 빅데이터 분석 환경 제공을 위한 'Sand-box', 데이터 분석 업무 프로세스의 개선, 데이터 거버넌스 등을 병행해서 추진해야만 Data Catalog 서비스 구현을 추진하는 목적을 달성할 수 있습니다.

다음으로는 Data Catalog 구축을 추진하는 궁극적 목적과 방향성을 달성하기 위해, **단계별 추진 목표**와 이를 달성하기 위한 **주요 구현 내용과 추진 방안**을 수립해야 합니다. 단계별 추진 목표는 통상 '타깃 사용자'와 해당 사용자에게 제공하는 서비스를 중심으로 수립하는 것이 바람직합니다. 최근 대부분의 기업은 'Data Scientist'라고 불리는 빅데이터 전문가 조직을 구성하였고, 이들이 수행하는 업무를 지원하기 위한 과제들을 추진하고 있습니다. Data Catalog 서비스는 물론 전사의 사용자를 타깃으로 하지만, 가장 적극적으로 사용하게 될 사용자 그룹은 'Data Scientist'일 것입니다. 'Data Scientist'는 본업이 데이터를 분석하는 일이고, 위의 '데이터 엔터프라이즈 Co'의 사례와 같은 불편함을 가장 적극적으로 호소하는 사용자 그룹으로, Data Catalog 서비스가 조속히 구현되기만을 바라고 있을 것입니다. 또한 이를 구축해야 하는 IT 부서의 입장에서도 Data Catalog 서비스 구축 후에 적극적으로 활용이 이루어지고, 이를 활용한 업무 성과가 나오기를 기대할 것입니다. 따라서 일차적인 타깃 사용자는 'Data Scientist'로 하는 것이 바람직하며, 이들을 위한 데이터 서비스를 우선적으로 구현하는 것이 1단계 사업 목표가 될 것입니다. 2단계, 3단계로 진행함에 따라서 대상 사용자를 확대해 나가는 모습으로 로드맵을 수립해야합니다. (다음 '그림 66. Data Catalog 구축 로드맵 예시' 참조.)

	1단계	2단계	3단계
타깃 사용자	• Data Scientist	• Citizen 분석가	• 데이터 Steward • 관리자 및 운영자
제공 서비스	• 키워드 검색, 카탈로그 조회/ 큐레이션, 메타데이터 수집	• 카테고리 검색, 실데이터 조회 • M/L 기반 메타 추천, 쿼리 로그	• 큐레이션 지원, 관리자 기능 • 데이터 전처리/분석 도구 연계
대상 객체	• 데이터베이스 • 파일시스템	• 이벤트 메시지 • 쿼리, Data API	• 보고서/대시보드 • 지식(Article)
대상 데이터	• 고객 DW • 고객 행동 로그(빅데이터)	• 주요 업무 시스템 데이터	• 사용자 가공 데이터 • 해외 지사 데이터
추진 방안	• Pilot 과제로 '고객 360 분석' 중심 추진	• 본 사업으로 전사 사용자 대상 오픈, 변화관리 필요	• 해외 지사 Roll-out

그림 66. Data Catalog 구축 로드맵 예시

그림과 같이, 1단계 사업은 'Data Scientist'를 '타깃 사용자'로 하여, 키워드 검색, 카탈로그 조회/큐레이션과 같은 핵심 서비스를 구현하고, 이와 병행하여 기본적인 메타데이터 수집과 같은 Back-End 기능을 함께 구축해야 합니다. 대상 객체는 사내 데이터의 가장 많은 부분을 차지하는 데이터베이스, 파일시스템(빅데이터)을 대상으로 하고, Pilot 과제로써 '고객 360 분석'을 중심으로 추진함에 따라서(추진 방안), 고객 '데이터 웨어하우스'와 웹 로그, 채널 로그 등 고객 행동과 관련된 빅데이터를 대상으로 수집/적재하는 것으로 목표로 합니다.

2단계 사업은 본 사업으로써 전사 사용자를 대상으로 오픈하며, 이들을 대상으로 한 적극적인 변화관리가 필요합니다. 따라서 '타깃 사용자'를 일반 사용자인 'Citizen 분석가'를 대상으로 하고, 카테고리 검색, 실데이터 조회와 같은 서비스를 구현해야 하며, '기계 학습(Machine Learning)' 기반의 메타데이터 추천, 쿼리 로그 수집/파싱과 같은 Back-End 기능도 함께 구현해야 합니다. 주요 업무 시스템의 데이터를 수집해야 하며, 대상 객체도 '이벤트 메시지', '쿼리', 'Data API' 등으로 확대해야 합니다.

3단계 사업은 '데이터 Steward'와 '관리자/운영자'를 타깃 사용자로 하여, 이들에게 필요한 카탈로그 큐레이션 지원, 관리자 서비스를 구현해야 하며, 데이터 전처리/분석 도구도 연계하여 '보고서/대시보드', '지식(Article)' 등의 객체를 대상으로 확대해야 합니다. 따라서 사용자 가공 데이터의 수집과 해외 지사 데이터까지도 수집하고, 해외 지사 Roll-out까지 수행하여 사업을 완료합니다.

로드맵을 수립한 후에는 본격적으로 1단계 사업 추진을 위한 사업계획서를 작성해야 합니다. 사업계획서에는 사업의 추진 배경 및 목표, 주요 추진 내용, 소요 예산, 기대효과, 추진 일정 및 조직 등의 내용이 필수적으로 포함되어야 합니다.

여기서 산출한 소요 예산 내역과 기대효과는 재무/기획 부서에 예산 요청과 협의를 위해 필요한 내용으로써, 정확한 산출 근거가 있어야 하고, 기대효과의 경우도 사용자의 관점에서 어떤 업무가 개선되는지를 명확하게 표현해야만 사업 추진에 어려움이 없을 만큼의 충분한 예산을 확보할 수 있을 것입니다.

예산을 확보한 다음은 본격적으로 사업 추진을 위한 준비를 해야 합니다. 추진 조직을 구성하고, 이를 위해 필요한 인력을 채용하며, 추진을 위한 세부 일정을 수립합니다. 사업자를 선정을 위한 제안요청서를 준비하고, 제안서를 심사 후 사업자를 선정하고 프로젝트를 시작합니다.

이 과정에서 몇 가지 주의할 사항에 대해 설명하면, 첫 번째 **Data Catalog 사업의 추진 조직**은 이미 이전 책《차세대 빅데이터 플랫폼 Data Lake》에서 충분히 설명했듯이, CEO가 중심이 되어, 현업은 '데이터 오너'의 역할과 동시에 'Citizen 분석가'의 역할을 수행하며, 기존 빅데이터 부서는 '데이터 Steward'의 역할, 'Power User'로서의 역할, '데이터 전처리/분석 도구'와의 연계 업무를 담당해야 합니다. 또한 IT 부서는 Data Catalog의 설계와 개발, 원천 시스템과의 연계, 인프라 구축 업무, 변화관리 등을 담당해야 합니다. 즉 전사의 부서들이 CEO를 중심으로 각자의 역할을 수행해야만 Data Catalog 서비스를 성공적으로 구현할 수 있습니다.

두 번째, **사업 추진 일정**은 자체 개발하지 않고 솔루션을 도입하더라도 단순히 일부 커스터마이징하는 일정으로 수립해서는 안 됩니다. 앞서 언급했듯이 Data Catalog는 그 특성상 단순히 특정 업무 혹은 작업을 지원하는 솔루션이 아닙니다. Data Catalog는 분석가의 데이터 활용과 관련한 전반적인 업무 프로세스를 개선하고, Data Lake를 중심으로 다양한 데이터 활용 시스템/도구 간의 조정과 연계하는 역할을 해야 합니다. 이 데이터 활용 과정은 정형화하거나 표준화하기 어렵고, 각 기업의 특성과 상황에 따라 조금씩 상이할 수밖에 없으므로, 솔루션의 많은 부분의 수정이 동반됩니다. 따라서 단순히 '데이터 분석 도구'를 도입하는 일정이 아닌 업무 애플리케이션을 구축하는 일정과 더 가깝게 수립해야 합니다.

세 번째, **사업자 선정 시 수행 인력**에 대한 면밀한 검토가 필요합니다. 단순히 Data Catalog 솔루션을 커스터마이징하는 인력만을 구성한 사업자는 사업 수행에 큰 어려움을 겪을 가능성이 높습니다. 추가적으로 Hadoop 기반의 데이터 처리를 수행할 수 있는 인력, 비교적 난이도가 높은 Back-End 기능을 구현하기 위한 인력(기계 학습, 메타데이터 추천, 데이터 프로파일링 등), 데이터 보안과 관련된 전문 인력, 전체 애플리케이션에 대한 이해도를 가지고 조정 역할을 수행할 수 있는 인력, 데이터 전처리/분석과 관련된 업무 경험 보유 인력 등이 필요합니다. 사업자가 이러한 분야의 역량을 종합적으로 갖추었는지에 대한 검증이 반드시 선행되어야 합니다.

3. 메타데이터 구축 모듈

'메타데이터 구축 모듈'은 Data Catalog의 메타데이터 수집/생성와 관련된 Back-End 기능을 구현하고, '데이터 Steward'가 카탈로그 큐레이션을 통해 메타데이터를 구축하는 모듈입니다. 먼저 메타데이터를 구축할 대상 '데이터 객체'의 범위를 정의하고, '데이터 객체'별로 큐레이션을 수행할 '데이터 Steward'를 지정합니다('Data Pipeline 구축 모듈'의 '원천 데이터 수집 범위 정의' 작업과 병행 수행). '데이터 객체' 유형별로 관리할 메타데이터 항목을 정의하고, 각 항목별로 메타데이터를 어떻게 수집할지에 대한 방법(수작업 입력, 자동화 입력, '카탈로그 Agent'의 추천 등)을 정의하고 관련 Back-End 기능을 설계 및 개발합니다. 수작업 입력 기능은 'Front-End 모듈'에서 개발하며, 자동화 입력 기능, '카탈로그 Agent'의 추천을 기반으로 한 '기계 학습' 기능 등을 본 모듈에서 개발하게 됩니다. Front-End와 Back-End 기능 개발이 완료되면 '데이터 Steward'는 카탈로그 큐레이션 작업을 수행합니다.

3-1. 대상 '데이터 객체' 범위 정의

'데이터 객체'란 **데이터를 보유하고 있는 단위 또는 집합**을 의미합니다. 데이터베이스 테이블이나 파일이 가장 대표적인 '데이터 객체' 유형입니다. (다음 '그림 67. 데이터 객체 유형' 참조.)

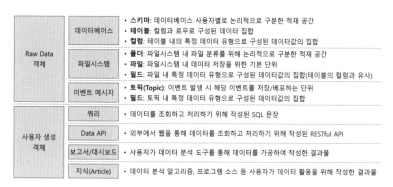

그림 67. 데이터 객체 유형

그림과 같이 **'데이터 객체'**는 원천 시스템으로부터 수집하는 **Raw Data 객체'**와, 사용자가 데이터를 활용하는 과정에서 혹은 결과물로 생성한 '**사**

용자 생성 객체'로 구분할 수 있습니다. 'Raw Data 객체'는 원천 시스템 유형에 따라 '**데이터베이스**', '**파일시스템**', '**이벤트 메시지**'로 구분할 수 있으며, '사용자 생성 객체'는 사용자가 데이터 활용 과정에서 생성한 결과물에 따라 '**쿼리**', '**Data API**', '**보고서/대시보드**', '**지식(Article)**'으로 구분할 수 있습니다.

'**데이터베이스**'는 원천 시스템이 데이터베이스 유형인 경우로 통상 애플리케이션 혹은 시스템 단위로 구분되어 있으며, 하위 객체로 '**스키마**', '**테이블**', '**컬럼**' 순의 계층구조로 구성되어 있습니다. '**스키마**'는 데이터베이스 사용자의 활용 목적과 용도에 따라 논리적으로 구분한 적재 공간을 의미하며, 예를 들어, 분석용 스키마, 운영용 스키마 등으로 구분한 경우를 의미하며, 통상 데이터베이스 접근 ID로 구분되어 있습니다. '**테이블**'은 '컬럼(Column)'과 '로우(Row)'로 구성된 데이터의 집합이며, 가장 기본적으로 많이 활용하는 객체입니다. '**컬럼**'은 '테이블' 내 특정 '데이터 유형(Data Type)'으로 구성된 데이터값의 집합으로, 각 '컬럼'이 모여서 '테이블'이 구성됩니다.

'customer_db'라는 고객 정보를 담고 있는 데이터베이스가 있다고 하면, 'customer_db'는 'cust_anal_sch'라는 고객 분석을 위한 스키마와 'cust_oper_sch'라는 고객 애플리케이션 운영을 위한 스키마를 포함하고 있습니다. 'cust_anal_sch' 스키마는 'cust_base_tb'라는 고객 기본 정보를 담고 있는 테이블과 'cust_ordr_tb'라는 고객이 주문한 내역을 담고 있는 테이블 등을 포함하고 있습니다. 'cust_base_tb' 테이블은 'cust_id'라는 고객별 ID 정보를 담고 있는 컬럼과 'cust_name'이라는 고객별 이름 정보를 담고 있는 컬럼 등을 포함하고 있습니다. 이러한 각각의 객체에 대해 메타데이터를 수집/생성해야 사용자가 해당 객체를 검색할 수 있고, 해당 객체에 대한 배경지식 정보를 카탈로그 페이지를 통해 파악할 수 있습니다.

일부 IT 담당자는 '테이블' 객체만을 대상으로 메타데이터를 수집하면 된다고 생각하는 경우가 있습니다. 이 경우 사용자는 '테이블'에 대해서만 검색/조회가 가능하고, 그 외 '데이터베이스', '스키마', '컬럼'에 대해서는 검색이 불가능하며 배경지식에 대한 파악도 불가능합니다. 하지만 이렇게 '테이블' 객체만을 대상으로 메타데이터를 수집한다면, 사용자는 '고객'과 관련된 데이터베이스는 전사에 어떤 것들이 있는지, 해당 데이터베이스 내 어떤 스키마를 활용해야 하는지, 테이블 내 어떤 컬럼을 활용해야 하는지에 대한 정보를 파악할 수 없기 때문입니다.

'**파일시스템**' 객체는 원천 시스템이 파일시스템의 경우로, 통상 구조화된 정형 데이터가 아닌 데이터를 저장할 때 활용되며, 이 역시 애플리케이션 혹은 시스템 단위로 구분되어 있습니다. '하둡 분산 파일시스템(Hadoop Distributed Filesystem: HDFS)' 역시 파일시스템 유형 중 하나입니다. 센서(Sensor)로부터의 실시간 로그 파일, 음성/이미지/동영상 파일 등의 반정형/비정형 데이터가 통상 '파일시스템'이 수집하는 데이터 유형입니다. '파일시스템'은 통상 파일을 분류하여 저장하기 위한 '**폴더**', 데이터 저장 단위인 '**파일**', '파일' 내 특정 '데이터 유형'으로 구성된 데이터값의 집합('데이터베이스'의 '컬럼'과 유사)인 '**필드**'로 구성되어 있습니다. 위의 '데이터베이스' 객체와 마찬가지로 기본적인 데이터 저장 단위인 '파일'뿐만 아니라 나머지 '파일시스템', '폴더', '필드' 객체에 대해서도 메타데이터 수집 대상이 되어야 합니다.

'**이벤트 메시지**' 객체는 이벤트 또는 데이터를 실시간으로 수집하여, 해당 메시지 '토픽(Topic)'을 구독하는 타깃 애플리케이션에 동시에 배포하는 기능을 가진 시스템입니다. 통상 **'토픽'**(Topic)이라고 불리는 객체에 데이터를 저장하며, '토픽' 내에는 '파일'의 '필드'와 마찬가지로, 특정 '데이터 유형'으로 구성된 **'필드'**의 집합으로 구성되어 있습니다. 역시 기본 데이터 저장 단위인 '토픽'뿐만 아니라 '이벤트 메시지', '필드' 객체에 대해서도 메타데이터 수집이 필요하므로, 카탈로그 대상 객체의 범위로 포함시켜야 합니다. 그래야만 사용자들이 키워드를 통해 필요한 '이벤트 메시지'와 '필드'를 찾을 수 있고 비즈니스적/기술적 의미를 이해할 수 있습니다.

'쿼리' 객체는 '사용자 생성 객체'로 사용자가 데이터를 조회하고 가공하기 위해 작성한 SQL문을 의미합니다. 사용자가 SQL문을 작성 후 명칭, 설명, 태그 등을 기재한 후에 카탈로그에 배포 시 생성됩니다. 카탈로그에 배포하지 않더라도 사용자가 실행하는 SQL문은 '쿼리 로그 데이터베이스'에 저장되어 파싱을 통해 '테이블', '컬럼' 객체를 식별하여 해당 객체별 SQL문을 '활용'탭을 통해 제공할 수 있습니다. 사용자들이 키워드를 통해 필요한 쿼리를 검색하고, 쿼리의 내용을 이해하며, 복사하여 활용할 수 있도록 하기 위해서는 카탈로그 대상 객체의 범위로 포함해야 합니다.

'Data API' 객체 역시 '사용자 생성 객체'로 사용자가 작성한 쿼리를 웹을 통해 외부에서 활용할 수 있도록 'RESTful API' 형태로 제공하는 객체입니다. 사용자가 '대화식 쿼리 서비스'에서 쿼리를 'Data API'로 전환 후 카탈로그에 배포 시 생성됩니다. 전사의 사용자들이 키워드를 통해 'Data API'를 검색하고, 내용을 이해하고, 활용할 수 있도록 하기 위해서는 카탈로그 대상 객체로 포함해야 합니다.

'보고서/대시보드' 객체 역시 '사용자 생성 객체'로 사용자가 데이터 분석 도구를 통해 데이터를 가공하여 작성한 결과물입니다. 사용자가 Data Catalog를 통해 분석 도구로 데이터를 연계하고, 분석 작업 후 결과물인 '보고서' 혹은 '대시보드'를 다시 카탈로그로 배포함으로써 생성됩니다. 카탈로그에 배포된 '보고서/대시보드'는 사용자가 키워드 검색을 통해 찾을 수 있고, '보고서/대시보드'에 대한 설명과 함께, 활용한 데이터 등을 조회할 수 있으려면, '보고서/대시보드'를 카탈로그 대상 객체로 포함해야 합니다.

'**지식(Article)**' 객체 역시 '사용자 생성 객체'로 사용자가 데이터 활용을 위해 작성한 데이터 분석/가공 알고리즘과 프로그램 소스 등의 산출물을 의미합니다. 데이터를 가공한 결과물이 아닌 데이터 가공/분석 과정의 산출물로써, 분석 노하우와 관련 지식을 공유하기 위한 '데이터 객체'라고도 설명할 수 있습니다. 이 '지식(Article)' 객체는 사용자가 데이터 분석 도구/언어를 통해 작성한 내용을 카탈로그로 배포 시 생성됩니다. 카탈로그에 배포된 후에는 사용자가 키워드 검색을 통해 찾을 수 있게 되며, 내용에 대한 설명, 활용 방법, 활용한 데이터 등도 조회할 수 있게 됩니다. 이를 위해서는 카탈로그 대상 객체로 포함해야만 합니다.

이러한 'Raw Data 객체', '사용자 생성 객체' 유형들 중 어떤 객체를 대상으로 본 사업을 진행할 지에 대한 의사결정이 필요합니다. '사용자 생성 객체'의 경우는 수반되는 Front-End 및 Back-End 기능이 필요할 것이고, 다른 도구와의 연계도 필요하므로 해당 도구의 연계 API 제공 여부 등을 확인 후 의사결정해야 합니다.

3-2. '데이터 Steward' 지정

카탈로그 대상 '데이터 객체'를 결정하고 원천 데이터의 수집 범위를 결정한 후에는 각 객체별 카탈로그 큐레이션을 담당할 '데이터 Steward' 지정이 필요합니다. '데이터 Steward'는 자신이 담당하는 객체에 대한 메타데이터의 입력과 데이터 품질 등의 활동을 수행해야 합니다. 따라서 해당 데이터에 대한 비즈니스 지식과 함께 데이터 처리에 대한 기술적 지식도 필요합니다. 기존에 '데이터베이스 관리자(Database Administrator)'는 주로 데이터베이스 관리에 대한 기술적 지식만을 보유하고 있는 경우가 많고, 기존의 원천 시스템 혹은 '데이터 웨어하우스'의 데이터 모델링을 수행했던 '데이터 아키텍트(Data Architect)'가 오히려 더 적합한 역량을 갖추고 있습니다. 혹은 현업의 '데이터 오너(Data Owner)' 중에서도 비즈니스 지식뿐만 아니라 기술적 지식을 보유하고 있는 경우가 있으므로, '데이터 Steward' 역할을 수행할 수 있을 것입니다. 가장 손쉬운 방법은 기존의 '데이터 웨어하우스'에서 업무 영역별 데이터 담당자를 찾아 수집할 원천 시스템 '데이터 객체'와 매핑(Mapping)시켜 담당자를 지정하는 것입니다. 기존에 빅데이터(Hadoop) 저장소가 있다면, 또한 업무 영역별 데이터 담당자가 있을 것이므로 이들을 '데이터 Steward'로 지정해야 합니다.

각 '데이터 Steward'가 담당할 '데이터 객체'는 수백~수천 개에 달할 수도 있으므로, 이들이 카탈로그 큐레이션 업무에 집중할 수 있도록 초기에는 전담으로 지정해 주는 것이 좋으며, 추후 큐레이션 완성도가 높아짐에 따라 업무 시간을 재분배하는 것이 바람직합니다. 만약 전담 지정이 여의치 않을 경우, 이들이 충분히 시간을 할애할 수 있도록 업무 평가 비중을 조정하고, 회사 내에서 '데이터 전문가'로서 역할을 인정하는 조치가 필요합니다. 예를 들면, 'Data Scientist'와 같이 별도 직군으로 인정하고 채용, 인사 발령 등 진행, 전사 공지/방송 통한 '데이터 Steward' 업무 소개 등이 있을 것입니다. 이들이 카탈로그 정보를 얼마나 충실히 제공하고, 품질을 유지할 수 있는가에 따라 Data Catalog와 Data Lake의 성공 여부가 결정된다고 해도 과언이 아니기 때문입니다. 이들 '데이터 Steward'가 데이터 서비스를 주도하고, 'Data Scientist'가 데이터 활용을 주도해야만, 일반 사용자들의 활용과 참여도 크게 증가할 수 있습니다.

3-3. '데이터 객체' 유형별 메타데이터 관리 항목 정의

다음은 '데이터 객체' 유형별로 관리할 메타데이터 항목을 정의하는 것입니다. (다음 '그림 68. 데이터 객체 유형별 관리할 메타데이터 항목 예시' 참조.)

'데이터 객체' 유형	비즈니스 메타	기술 메타	활용 메타
공통	• 데이터명, 설명, 태그	• 객체명	• N/A
데이터베이스	• 데이터 오너, 데이터 Steward	• 스키마 목록	• N/A
스키마	• 데이터 오너, 데이터 Steward	• 계층구조, 테이블 목록	• N/A
테이블	• 데이터 오너, 데이터 Steward, 인기 사용자, 사용자 평가/리뷰	• 계층구조, 컬럼 목록 • 데이터 리니지	• 쿼리 목록, Data API 목록, 보고서/대시보드 목록
컬럼	• 데이터 오너, 데이터 Steward, 사용자 평가/리뷰	• 계층구조, 데이터 프로파일링 정보	• 쿼리 목록, Data API 목록, 보고서/대시보드 목록
파일시스템	• 데이터 오너, 데이터 Steward	• 폴더 목록	• N/A
폴더	• 데이터 오너, 데이터 Steward	• 계층구조, 하위 폴더 목록, 파일 목록	• N/A
파일	• 데이터 오너, 데이터 Steward, 인기 사용자, 사용자 평가/리뷰	• 계층구조, 필드 목록 • 데이터 리니지	• 보고서/대시보드 목록
필드	• 데이터 오너, 데이터 Steward, 사용자 평가/리뷰	• 계층구조, 데이터 프로파일링 정보	• 보고서/대시보드 목록
이벤트 메시지	• 데이터 오너, 데이터 Steward	• 토픽 목록	• N/A
토픽	• 데이터 오너, 데이터 Steward, 인기 사용자, 사용자 평가/리뷰	• 계층구조, 필드 목록 • 데이터 리니지	• 보고서/대시보드 목록
쿼리	• 작성자, 인기 사용자, 사용자 평가/리뷰	• 계층구조, SQL 정보	• 보고서/대시보드 목록
Data API	• 작성자, 인기 사용자, 사용자 평가/리뷰	• 계층구조, URL 정보, SQL 정보	• 보고서/대시보드 목록
보고서/대시보드	• 작성자, 사용자 평가/리뷰	• 계층구조, 보고서/대시보드 이미지, URL 정보, 활용 객체, 활용 쿼리	• N/A
	• 작성자, 사용자 평가/리뷰	• 계층구조, 분석 과정, 분석 결과, 활용 객체, 활용 쿼리	• N/A

그림 68. 데이터 객체 유형별 관리할 메타데이터 항목 예시

그림은 '데이터 객체' 유형별로 관리할 메타데이터 항목을 예시적으로 정의한 것으로, 각 기업은 이들 항목들을 검토하여 추가하거나 제외할 수 있습니다. 모든 '데이터 객체' 유형에 공통적인 항목은 데이터명, 설명, 태그, 객체명이 있을 것입니다. 또한 모든 'Raw Data 객체' 유형은 '데이터 오너'와 '데이터 Steward' 항목이 필요합니다. 그리고 사용자들이 가장 많이 직접적으로 활용하는 '테이블', '컬럼', '파일', '필드', '토픽'의 경우 '인기 사용자'와 '사용자 평가/리뷰' 항목을 관리하는 것이 필요합니다. 또한 핵심 객체인 '테이블', '파일', '토픽'의 경우 '데이터 리니지' 정보를 관리하여 사용자에게 제공할 필요가 있습니다. 개별 데이터값을 보유하고 있는 '컬럼', '필드'의 경우 '데이터 프로파일링' 정보를 제공하면 유용할 것입니다.

'테이블', '컬럼' 객체의 경우 쿼리를 통해 데이터를 조회하므로, '활용 메타데이터'로써 쿼리, Data API 정보를 제공하면 유용하며, 또한 '테이블', '컬럼', '파일', '필드', '토픽', '쿼리', 'Data API' 객체의 경우, 이를 활용한 '보고서/대시보드' 목록을 제공하는 것이 바람직합니다.

'사용자 생성 객체' 유형의 경우, 이를 작성한 '작성자'와 '사용자 평가/리뷰' 정보를 제공해야 하며, 사용자가 데이터 분석 시 활용한 객체와 쿼리 정보도 함께 제공하면 유용할 것입니다. 'Data API'의 경우, REST API 실행을 위한 'URL 정보'를 제공하고, '보고서/대시보드'의 경우 보고서/대시보드의 작성 이미지와 해당 보고서/대시보드로 곧바로 이동할 수 있도록 해당 'URL 정보'를 제공하면 편리할 것입니다. 또한 '지식(Article)' 객체의 경우 추가적으로 '분석 과정', '분석 결과' 정보를 제공할 수 있을 것입니다.

3-4. 항목별 메타데이터 수집 방법 및 기능 설계

관리할 메타데이터 항목을 정의한 후에는 각 항목별로 어떤 방법을 통해 수집할 것인지를 결정하고, 수집 방법별로 기능을 설계해야 합니다. **메타데이터 수집 방법**은 크게 네 가지로 나뉘어집니다. 첫 번째는 **원천 시스템으로부터 자동으로 수집**하는 방법이고, 두 번째는 **사용자가 화면에서 수작업으로 입력**하여 수집하는 방법입니다. 세 번째는 '**카탈로그 Agent'가 메타데이터를 추천**(기계학습 활용)**하고 사용자가 이를 보완**하여 수집하는 방법이고, 네 번째는 '**카탈로그 Agent'가 메타데이터를 자동으로 생성**하여 수집하는 방법입니다. (다음 '그림 69. 항목별 메타데이터 수집 방법 예시' 참조.)

메타 유형	메타 항목	원천에서 자동 수집	사용자 수작업 입력	메타 추천 후 사용자 보완	Agent가 자동 생성
비즈니스	데이터명			○	
	설명		○		
	태그			○	
	데이터 오너	○			
	데이터 Steward		○		
	인기 사용자				○
	사용자 평가/리뷰		○		
	작성자	○			
기술	객체명	○			
	계층구조	○			
	스키마 목록	○			
	테이블 목록	○			
	컬럼 목록	○			
	폴더 목록	○			
	파일 목록	○			
	토픽 목록	○			
	데이터 리니지			○	
	데이터 프로파일링				○
	SQL 정보	○			
	URL 정보	○			
	보고서/대시보드 이미지	○			
	활용 객체	○			
	활용 쿼리	○			
	분석 과정		○		
	분석 결과		○		
활용	쿼리 목록				○
	Data API 목록				○
	보고서/대시보드 목록	○			

그림 69. 항목별 메타데이터 수집 방법 예시

각 메타데이터 항목별 수집 방법을 그림과 같이 예시적으로 표시하였습니다. **원천 시스템에서 자동으로 수집하는 항목**은 16개 항목으로 가장 많으며, '데이터 오너'와 '작성자', '보고서/대시보드 목록'을 제외하고는 모두 '기술 메타데이터' 항목들입니다. 데이터 오너, 객체명, 계층구조, 스키마 목록, 테이블 목록, 컬럼 목록, 폴더 목록, 파일 목록, 토픽 목록은 '원천 시스템' 혹은 '전사 DA(Data Architecture) 시스템'으로부터 자동으로 수집하는 항목들이며, 작성자, SQL 정보, URL 정보, 보고서/대시보드 이미지, 활용 객체, 활용 쿼리, 보고서/대시보드 목록은 '데이터 분석 도구'로부터 카탈로그로 배포 시 함께 수집하는 항목들입니다.

사용자가 화면에서 수작업으로 입력해야 하는 항목은 5개 항목으로, '데이터 Steward' 혹은 사용자가 카탈로그 화면에서 '설명', '사용자 평가/리뷰' 항목을 입력해야 합니다. '데이터 Steward' 항목의 경우는 카탈로그 관리자가 '관리자 기능'을 통해 입력해야 하는 정보입니다. 또한 '분석 과정', '분석 결과' 항목은 '데이터 분석 도구 혹은 언어'에서 카탈로그에 배포 시, '데이터 분석가'가 입력해야 하는 정보입니다.

'카탈로그 Agent'가 추천 후 사용자가 보완해야 하는 항목은 3개 항목으로, '데이터명', '태그', '데이터 리니지' 정보입니다. '카탈로그 Agent'는 해당 객체와 유사한 기존 객체를 찾아 해당 항목들을 추천 정확도와 함께 제공하며, '데이터 Steward'는 이를 수용 혹은 변경함으로써 해당 정보에 대한 피드백을 제공합니다. '데이터 Steward'가 피드백한 정보는 다시 '카탈로그 Agent'의 추천 로직의 '기계 학습(Machine Learning)'을 위한 입력 값으로 제공되어 추천 정확도를 지속적으로 높일 수 있도록 합니다.

'카탈로그 Agent'가 자동으로 생성하는 항목은 4개 항목으로, '인기 사용자'는 해당 객체를 활용한 쿼리, Data API 중 실행 횟수가 가장 많고, 사용자 평가 점수가 높은 건의 '작성자' 정보를 추출하여 생성합니다. '데이터 프로파일링' 항목은 Back-End 기능을 통해 수집되는 정보로 별도 설계가 필요합니다(앞선 'Data Catalog 주요 기능 만들기'에서 설명). '쿼리 목록' 과 'Data API 목록' 항목은 '쿼리 로그 수집/파싱' 기능을 통해 생성되는 정보로 역시 별도 설계가 필요한 기능입니다(앞선 챕터에서 설명).

3-5. 메타데이터 관련 Back-End 기능 개발

메타데이터 수집/생성과 관련된 Back-End 기능에 대한 설계가 완료된 후에는 개발을 시작합니다. (다음 '그림 70. 메타데이터 관련 Back-End 기능 개발 요건 예시' 참조.)

기능명	개발 요건	기술 요건
메타데이터 수집	• '전사 DA 시스템'으로부터 메타데이터를 수집하고 일별 업데이트(DB 대상)	• DB to DB Connection
	• '원천 시스템'으로부터 직접 메타데이터를 수집하고 일별 업데이트 (파일시스템, 이벤트 메시지 대상)	• 원천에서 Push 입력 • 템플릿 제공 필요
	• '데이터 전처리/분석 도구 및 언어'로부터 카탈로그로 배포 시 메타데이터 수집	• 분석 도구/언어의 API 활용
메타데이터 추천(M/L)	• 대상 객체와 다른 객체 간 메타데이터 비교 통해 유사 객체를 찾고 유사도(%)를 계산하는 알고리즘 개발	• 텍스트 파싱 • 별도 키-값 DB 활용
	• 사용자 피드백(수용/변경)을 통해 추천 알고리즘을 '기계 학습'시키는 프로그램 개발	• Machine Learning
쿼리 로그 수집/파싱	• '대화식 쿼리 서비스'로부터 쿼리 실행 시 로그, 데이터 수집 시 사용하는 쿼리 로그, 내부에서 데이터 처리/가공 시 사용하는 쿼리 로그를 '쿼리 로그 DB'로 수집	• DB 입력
	• '데이터 전처리/분석 도구'로부터 카탈로그 배포 시, 전처리/분석 시 활용한 쿼리를 '쿼리 로그 DB' 수집	• 전처리/분석 도구의 API 활용
	• 쿼리를 파싱하여 포함된 컬럼, 테이블, JOIN 대상 테이블, 조건을 식별하여 '활용 메타데이터 DB'로 수집	• 텍스트 파싱
데이터 프로파일링	• 실데이터의 '데이터 유형' 분석을 통한 비중 산출 • 실데이터값에 대한 통계(건수/비중), Min/Max값 산출 • 실데이터 포맷별/길이별 비중 산출	• 데이터 수집 주기별 실행 • 기존 통계 업데이트 처리

그림 70. 메타데이터 관련 Back-End 기능 개발 요건 예시

그림과 같이 메타데이터 수집/생성과 관련된 Back-End 기능은 네 가지로 구분할 수 있습니다. 첫 번째는 **'메타데이터 수집'** 기능으로 '전사

DA(Data Architect) 시스템'으로부터 메타데이터를 수집하고 일별 업데이트를 수행하는 프로그램이 필요합니다. '전사 DA 시스템'은 통상 '데이터베이스'만을 대상으로 하고 있으므로, 그 외 '파일시스템'과 '이벤트 메시지'의 경우는 '원천 시스템'으로부터 직접 메타데이터를 수집하는 프로그램을 개발해야 합니다. 이때 Data Catalog 담당자는 '원천 시스템'의 데이터 구조를 알기 어려우므로, 입력 템플릿을 '원천 시스템' 담당자에게 제공하고, 해당 담당자가 Push 방식으로 메타데이터 정보를 제공하는 것이 바람직합니다. 또한 '사용자 생성 객체'의 경우는 '데이터 전처리/분석 도구 혹은 언어'로부터 카탈로그로 배포할 때 필요한 메타데이터를 수집하는 프로그램을 개발해야 합니다. 이는 해당 도구 혹은 언어에서 제공하는 API를 통해 획득해야 하고, 그렇지 않은 경우 해당 벤더에게 개발을 요청해야 합니다.

두 번째는 '**메타데이터 추천**' 기능으로 대상 객체와 다른 객체 간의 메타데이터를 비교하여 유사도(%)를 계산하고, 이를 기준으로 가장 유사한 객체를 찾는 알고리즘을 개발해야 합니다. 메타데이터 비교 시에는 텍스트 파싱 기능이 필요하고, 빠른 속도로 유사 객체를 찾기 위해서는 별도의 '키-값 기반의 데이터베이스'를 활용하는 것도 검토가 필요합니다. 또한 가장 유사한 객체를 '데이터 Steward'에게 추천하고 '데이터 Steward'는 이에 대한 피드백(수용하거나 변경)을 하며, 이 피드백을 다시 입력값으로 하여 추천 알고리즘을 '기계 학습(Machine Learning)'시키는 프로그램을 개발해야 합니다.

세 번째는 '**쿼리 로그 수집/파싱**' 기능으로 '대화식 쿼리 서비스'에서 실행되는 쿼리, 데이터 수집 시 사용하는 쿼리, 내부 데이터 가공/처리 시 사용하는 쿼리를 '쿼리 로그 데이터베이스'로 수집하는 기능을 개발해야 합니다. 또한 '데이터 전처리/분석 도구'에서 작업한 결과물을 카탈로그로 배포 시 해당 도구에서 제공하는 API를 통해 사용자가 데이터 가공 시 활용한 쿼리 정보를 '쿼리 로그 데이터베이스'로 수집해야 합니다. 그리고 수집한 SQL문을 파싱하여 포함된 객체(테이블, 컬럼), JOIN 대상/조건, 조건절 정보를 추출하여 해당 객체의 '활용 메타데이터' 항목으로 생성하는 프로그램도 개발해야 합니다. 이 프로그램은 쿼리 실행 시마다 Back-End에서 실행하여 즉시 카탈로그 페이지에 업데이트되도록 하는 것이 바람직합니다.

네 번째는 **'데이터 프로파일링'** 기능으로 실데이터 수집 시 다양한 방식으로 통계를 산출하여 해당 '컬럼' 혹은 '필드'에 대한 메타데이터로 생성시키는 프로그램입니다. 이는 최초 통계 산출 이후, 실데이터를 수집할 때 마다 수집한 데이터에 대한 통계를 산출하여 기존 통계 데이터를 업데이트하는 방식으로 프로그램을 작성해야 합니다. '컬럼' 혹은 '필드'의 '데이터 유형'(String, Integer, Date 등)별로 구분하여 통계를 산출해야 합니다. (다음 '그림 71. 데이터 유형별 통계 산출 예시' 참조.)

통계 산출 항목	String	Integer	Date	Boolean	비고
'데이터 유형'별 비중	○	○	○		
총 데이터 건수	○	○	○	○	
유일(Unique) 데이터 건수	○	○	○	○	
'빈(Null)값' 비중	○	○	○	○	
데이터값별 비중	○	○	○	○	특정 값의 비중이 높은 경우
데이터 구간별 비중		○			
데이터 Min/Max 값		○			
데이터 포맷별 비중	○		○		특정 포맷의 비중이 높은 경우
데이터 길이별 비중	○				특정 길이의 비중이 높은 경우

그림 71. 데이터 유형별 통계 산출 예시

그림과 같이 통계 산출 항목은 '데이터 유형'별로 달라지게 됩니다. 또한 동일한 '데이터 유형'이라고 하더라도 특정한 경우에만 산출하는 항목들이 있습니다. '총 데이터 건수', '유일(Unique) 데이터 건수', '빈(Null)값 비중', '데이터값별 비중' 항목은 모든 '데이터 유형'에서 산출해야 하는 항목이나, '데이터값별 비중'의 경우에는 임의의 값이 고르게 분포되어 있는 경우는 의미 없는 통계치가 됩니다. 따라서 특정 값의 비중이 높은 경우에만 산출해야 합니다. '데이터 유형별 비중' 항목은 'Boolean' 유형의 경우는 의미 없는 데이터로 산출할 필요가 없을 것입니다. '데이터 구간별 비중', '데이터 Min/Max값' 항목은 'Integer' 유형의 데이터만 유의미할 것입니다. '데이터 포맷별 비중' 항목의 경우 'String', 'Date' 항목이 의미가 있을 수 있으나, 'String' 유형은 특정 포맷이 없이 임의의 텍스트가 입력되어 있을 경우 의미가 없는 통계치가 될 것입니다. 마지막으로 '데이터 길이별 비중' 항목은 'String' 유형 중에서도 특정 길이의 비중이 높을 경우에만 산출해야 합니다.

3-6. 카탈로그 큐레이션

메타데이터를 수집/생성하는 Front-End 및 Back-End 기능 개발이 완료된 후에는 실데이터의 수집과 함께 '데이터 Steward'의 카탈로그 큐레이션 활동을 시작해야 합니다. 일반적인 IT 시스템의 경우에는 오픈 시점에서 데이터 수집이 시작되는 것과 달리 Data Catalog의 경우는 오픈 시점에 이미 주요한 데이터의 수집이 완료되어 있어야 합니다. 시스템 오픈 시점에 실데이터만 수집하는 데 주력하고, '데이터 Steward'의 메타데이터 입력 활동이 제대로 진행되지 않고 있다면, 이미 그 프로젝트는 실패할 확률이 매우 높아진 위험한 상태입니다. 사용자들이 키워드로 데이터를 검색하면 아무런 검색 결과도 얻지 못할 것이기 때문입니다.

'데이터 Steward'는 실데이터가 수집됨에 따라 'My Catalog' 페이지에서 자신이 담당하는 '데이터 객체' 목록을 조회할 수 있고, 업무 활용도가 높은 데이터, 데이터 분석가의 활용도가 높을 것으로 예상되는 데이터를 중심으로 큐레이션을 시작합니다. 우선 '카탈로그 Agent'가 추천하는 항목인 **'데이터명'**, **'태그'**, **'데이터 리니지'**의 경우, 처음에는 기존에 입력된 정보가 없으므로, 추천 정확도가 매우 낮을 것입니다. 그래서 초반에는 '데이터 Steward'의 정확한 피드백이 매우 중요합니다. 잘못 추천된 정보를 정확하게 수정하고, 정확하게 추천된 정보는 '확인' 버튼을 클릭하여 반드시 '정확하다'라는 피드백을 주어야 합니다. 그 이후에는 유사한 객체에 대해서는 추천 정확도가 크게 향상될 것입니다.

'데이터명'의 경우, 해당 데이터에 대한 비즈니스 의미를 몇 개의 단어로 나타내어 사용자가 보면 한 번에 이해할 수 있는 용어를 사용하여 표현해야 합니다. 자신의 업무에 특화된 어려운 용어를 반드시 써야 할 경우에는 '설명'란에 해당 용어에 대한 '비즈니스 용어사전'으로의 링크를 생성하여 그 의미를 사용자들이 이해할 수 있도록 해야 합니다. 그리고 어려운 기술 용어나 약어는 최대한 피해야 합니다.

'태그'의 경우, 해당 객체를 2~3개 이하의 단어로 구성된 2~3개 이하의 키워드로써 나타내야 합니다. 대부분 데이터명에 포함된 용어를 포함하여 작성될 것입니다. 이 '태그' 정보는 '비즈니스(업무) 카테고리'로써 활용될 것이므로, 이를 감안하여 지나치게 상세하게 작성하거나, 지나치게 상위 레벨로 작성되어서는 안 됩니다. '태그'의 개수는 2~3개 이하로 작성될 수 있도록 해야 하며, 별도의 데이터 보안 처리를 위해 생성된 태그(#PII, #산업보안, #사내민감 등)는 Data Catalog의 보안 담당자와 협의 후 수정해야 합니다. '태그' 입력 시에는 검색어 추천 기능과 유사하게 기존에 입력된 '태그'와 유사한 단어를 입력할 경우 이를 추천하는 기능도 필요할 것입니다.

또한 순수하게 '데이터 Steward'가 입력해야 하는 항목인 **'설명'**의 경우, 가장 관심을 기울여서 입력해야 하는 항목입니다. '데이터 Steward'는 평소에 주변의 동료 또는 사내 커뮤니케이션 채널을 통해 이런 질문들을 많이 받을 것입니다.

> "○○○를 하려면 ○○○ 데이터가 필요한데, 그런 데이터는 어디에 있어요?"
> "○○○ 데이터 담당자이시죠? 제가 ○○○ 하려고 하는데 ○○○ 데이터를 이용하면 되는 건가요?"
> "○○○ 데이터의 ○○○ 컬럼은 어떻게 생성된 거죠? 언제 업데이트 되나요?"
> "…"

데이터 담당자는 이런 질문을 받을 때마다 매번 비슷한 답변을 하느라 한정된 업무 시간을 낭비할 것입니다. 그리고 질문자는 해당 담당자가 귀찮아하지 않을지 노심초사하면서 궁금한 내용을 다 물어보기도 어려운 환경일 것입니다. 그래서 일부 해소되지 않는 내용은 자신의 생각으로 가

Data Catalog 만들기

정하여 결론짓고 해당 데이터를 활용할지 의사결정 할 것입니다. '데이터 Steward'는 이러한 자주 받는 질문들에 대해 동료들에게 답변을 한다고 생각하고, 최대한 상세하면서 어렵지 않게 작성해야 합니다. 시간이 없다는 핑계로 너무 간략히 쓸 경우, 사용자는 '질의응답' 기능을 통해 다시 질문을 해올 것이기 때문입니다. 따라서 해당 데이터가 어떤 과정을 거쳐 생성되는지, 원천 데이터를 활용할 경우 어떤 객체를 활용하는지, 언제 업데이트되는지, 어떤 경우에 활용할 수 있고, 어떤 경우에는 활용할 수 없는지, 활용 시 주의할 사항은 무엇인지 등에 대한 내용을 상세히 기입해야 합니다.

그리고 '데이터 Steward'는 객체별로 입력한 '태그'에 대한 계층구조를 조정하는 작업, 즉 **'비즈니스(업무) 카테고리 관리'** 업무도 수행해야 합니다. 해당 기능은 사용자에게 오픈할 수도 있지만, 데이터를 '비즈니스 카테고리'에 따라 분류하는 작업은 상당히 난이도가 높고, 사용자마다 생각이 다를 수도 있으므로, 일단 관리자 기능으로 고려하는 것이 바람직합니다. 추후 어느 정도 안정화가 이루어진 이후에는 이를 일반 사용자에게 오픈하여 세부 카테고리는 수정할 수 있도록 하는 방법도 생각할 수 있습니다. '데이터 Steward'에게는 통상 'Level 2~3' 정도의 '업무 카테고리' 수정 권한을 부여하고, 그 하부 구조를 입력된 '태그'를 활용하여 조정할 수 있습니다. 입력된 '태그'가 부족한 경우는 추가로 생성하고, 기존 '태그'를 수정하면서 계층구조를 구성할 수 있어야 합니다.

또한 '데이터 Steward'가 추가적으로 수행해야 할 업무는 실데이터를 수집함에 따라 '컬럼' 혹은 '필드'별로 생성되는 **'데이터 프로파일링'** 정보를 **확인하여 데이터 품질을 점검**하는 것입니다. 각 '데이터 Steward'가 담당하는 '컬럼' 혹은 '필드'의 숫자는 최소 수백 개 이상일 것이므로, 활용도가 높은 객체 위주로 선별적으로 진행하되, 문제 발생 시에는 '데이터 오너'에게 즉시 이를 문의하여 데이터 정제 처리, 원천 시스템의 오류 수정, 데이터 수집 프로그램 오류 수정 등의 조치를 취할 수 있도록 해야 합니다.

4. Data Pipeline 구축 모듈

'Data Pipeline 구축 모듈'은 원천 시스템 데이터 수집을 위한 Pipeline을 구축하고, 실데이터를 수집/적재하여 사용자들이 활용할 수 있도록 하는 영역입니다. 먼저 본 사업에서 구축할 원천 시스템 데이터의 수집 범위를 정의하고, 해당 '데이터 객체'별 '데이터 오너'를 지정해야 합니다. 다음 수집 대상 데이터에 대한 Pipeline을 설계와 프로그램 개발 후 데이터의 수집을 시작합니다.

4-1. 원천 데이터 수집 범위 정의

원천 데이터의 수집 범위를 정하는 작업은 카탈로그 대상 '데이터 객체' 범위를 정의하는 작업과 병행하여 진행해야 합니다. 본사업에서 타깃으로 하는 사용자가 주로 활용하는 데이터 위주로 우선 수집해야 하므로, 수집 대상 데이터에 대한 우선순위를 수립하여, 우선순위가 높은 데이터를 먼저 수집하고, 카탈로그 큐레이션 작업과 함께 'Power User'로 선정된 사용자들이 우선적으로 활용/점검할 수 있도록 해야 합니다.

수집 대상 데이터를 우선순위화하는 순서로, 첫 번째, 카탈로그 대상 객체를 고려하여 우선 **대상 '원천 시스템' 유형을 식별**합니다. 즉 우선 '데이터베이스'와 '파일시스템'만을 대상 객체로 한다면, '이벤트 메시지' 유형의 '원천 시스템'은 제외해야 합니다. 두 번째, 본 사업의 타깃 사용자의 요구사항을 참고하여 **대상 '원천 시스템'을 식별**합니다. 사용자가 본사업에서 수행해야 할 과제에서 사용할 데이터를 우선적으로 대상으로 해야 하며, 수집 대상 시스템이 다른 '원천 시스템'을 참조할 경우, 해당 '원천 시스템' 도 포함하도록 합니다. 세 번째, **대상 '테이블' 및 '파일'을 식별**합니다. '원천 시스템'의 모든 '테이블' 및 '파일'을 수집하는 것은 비용 대비 효과 측면에서 효율적이지 않으며, 핵심이 되는 기준 정보, 마스터 데이터, 이력 데이터 위주로 활용도가 높은 데이터를 선별해야 합니다. 네 번째, **대상 '테이블' 및 '파일'의 데이터 수집 기간을 정의**해야 합니다. 통상 '기준 정보'나 '마스터'의 특성을 가진 테이블/파일의 경우, 데이터가 지속적으로 현행화 (업데이트)되고, 데이터 용량이 많지 않아 전체 데이터를 수집해야 합니다. 하지만 이력성 테이블/파일의 경우, 통상 업데이트가 아닌 지속적으로 데이터가 쌓이게 되어 용량이 매우 클 경우가 많습니다. 이러한 데이터의 경우, 업종에 따라 상이할 수 있으나 통상적 데이터 분석 기간인 최근 3년 정도의 데이터를 수집하는 것이 바람직합니다.

대상 식별 시 유의해야 할 사항으로, 첫 번째, 현행화가 이루어지지도 않고, 최근 데이터가 입력되어 있지 않는 테이블/파일, 즉 현재 사용되지 않고 있는 테이블/파일이 의외로 많이 있습니다. 통상적인 시스템 관리자는 현재 사용되지 않더라도 혹시 현업의 요청이 있을지 모른다는 생각에 해당 테이블/파일을 폐기하지 않는 경우가 대부분입니다. 이러한 테이블/파일을 식별하여 수집 대상에서 제외해야 합니다.

두 번째 주의할 점은 'Raw Data'가 아닌, **'사용자 가공 데이터'를 주로 저장하는 시스템, 즉 '데이터 웨어하우스' 혹은 분석용 시스템의 데이터는 수집하지 않기를 권고**합니다. 이 시스템의 데이터는 원천 데이터가 아니고 원천 시스템으로부터 수집한 데이터이므로, 원천 데이터를 보관하고 있는 시스템을 식별하여 해당 데이터를 수집해야 합니다. 또한 '사용자 가공 데이터'는 통상 데이터 정합성을 보장하기 어려우므로, 이를 Data Lake 로 다시 수집하는 것은 역시 데이터 정합성의 문제를 초래할 수 있습니다 (Garbage in, garbage out).

4-2. '데이터 오너' 지정

원천 데이터의 수집 범위를 결정한 후에는 **수집할 '데이터 객체'별 '데이터 오너'를 지정**해야 합니다. '데이터 오너'는 해당 데이터의 현업 담당자로서 비즈니스(업무) 배경지식을 '데이터 Steward'에게 전달하여 사용자에게 서비스할 수 있도록 해야 하며, 또한 사용자가 질의가 있을 경우 이에 대한 답변을 해야 합니다. 또한 해당 데이터가 민감/보안 데이터인 경우 활용에 대한 승인을 처리하는 역할도 수행해야 합니다.

이러한 '데이터 오너'는 통상 '원천 시스템' 혹은 업무 영역별로 지정되어 있으며, '원천 시스템' 담당자와 누구를 지정할 것인지 협의 후 Data Catalog에 등록해야 합니다. '전사 DA 시스템'에 등록되어 있더라도 현행화 여부를 반드시 확인해야 합니다. '원천 시스템' 전체 책임자보다는, 실

무를 수행할 담당자 레벨로 지정해야 실질적인 업무 수행이 가능할 것이
므로, '원천 시스템' 담당자에게 해당 역할을 구체적으로 설명 후 지정을
요청해야 합니다. 만약 해당 '원천 시스템' 담당자가 중요성을 인지하지
못하고, 현업이 아닌 IT 시스템 담당자를 지정하라고 요청하거나, 전체 시
스템의 '데이터 객체'에 대해 한 명으로 지정하라고 요청할 경우는(현실적
으로 불가능하다고 판단했을 때.) 이를 프로젝트 이슈로 등록하여 경영진
에 보고가 이루어지도록 해야 합니다. Data Catalog는 단순한 IT 시스템
구축 프로젝트가 아님을 명심해야 합니다. 모든 구성원이 각자의 역할을
충실히 수행할 경우에만 프로젝트를 성공적으로 완료할 수 있습니다.

4-3. Data Pipeline 설계

**'Data Pipeline'은 사용자에게 필요한 데이터를 제공하기 위해 데이터
를 수집하고 처리하는 모든 과정**을 의미합니다. (다음 '그림 72. Data
Pipeline 처리 단계' 참조.)

그림 72. Data Pipeline 처리 단계

그림과 같이 'Data Pipeline' 처리 과정은 먼저 '원천 시스템' 및 '전사

DA(Data Architecture) 시스템'으로부터 데이터와 메타데이터를 수집합니다('준비 데이터 영역'에 적재). 다음으로 필요한 추가 메타데이터를 생성하고, 보안 데이터를 식별하고 처리하는 작업을 수행합니다. 이후 데이터를 '원천 데이터 영역'으로 이동하고, 기존 '준비 데이터 영역'의 임시 데이터를 삭제하는 과정으로 진행됩니다.

이러한 'Data Pipeline' 처리는 '데이터 유형' 및 '데이터 수집 주기'별로 별도의 도구에 의해 별도의 프로세스로 진행됩니다. 즉 '데이터베이스', '파일시스템', '이벤트 메시지' 유형별로, '실시간' 혹은 '근 실시간(Near Real-time)' 혹은 '배치' 처리가 진행되며, 각각 별도의 도구와 프로세스로 진행됩니다. (다음 '그림 73. Data Pipeline 구성 방안 예시' 참조.)

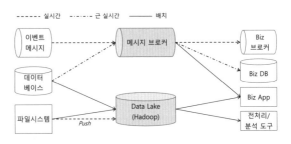

그림 73. Data Pipeline 구성 방안 예시

그림의 Data Pipeline 구성 예시와 같이, **'이벤트 메시지'** 유형의 경우, '실시간'으로 데이터를 수집하고, '메시지 브로커'를 통해 '실시간', 혹은 '근 실시간', 혹은 '배치'로 다양한 비즈니스에 활용하도록 설계할 수 있습니다. '메시지 브로커'는 다양한 플랫폼에 구독한 메시지를 동시에 배포할 수 있어 이와 같은 용도에 적합하며, Apache Flink, Storm 외에도 상용

Data Catalog 만들기

CEP(Complex Event Processing) 도구를 통해 이러한 Data Pipeline을 구성할 수 있습니다. 실시간으로 생성하는 IoT 머신 로그 데이터, 혹은 실시간으로 동기화가 필요한 데이터의 경우에 이와 같은 방식으로 설계할 수 있습니다.

'**데이터베이스**' 유형의 경우, '근 실시간'으로 데이터를 수집하고, 역시 '메시지 브로커'를 통해 '근 실시간' 혹은 '배치'로 비즈니스(업무)에 활용할 수 있습니다. 기준 정보와 같이 '근 실시간'으로 다양한 비즈니스 애플리케이션에서 활용이 필요한 데이터의 경우 이와 같이 Pipeline을 설계할 수 있습니다. '메시지 브로커'로 Kafka를 이용할 경우, Kafka Connector를 활용하거나, 그 외의 경우 Apache NiFi와 같은 도구를 활용할 수 있으며, 그 외에도 상용 CDC(Change Data Capture) 도구를 활용하여 Pipeline을 구축할 수 있습니다. '근 실시간'으로 수집이 필요 없는 '배치' 데이터의 경우에는 'Lake Hadoop'을 통해 수집하고 활용할 수도 있습니다.

'**파일시스템**' 유형의 경우, '배치'로 데이터를 수집하여 'Lake Hadoop'을 통해 '배치'로 데이터를 활용하는 형태의 Pipeline을 구성하고, 대부분의 분석용 빅데이터가 이에 해당합니다. 물론 이와 같은 '파일시스템'도 '실시간'으로 Pipeline 구성이 필요할 경우도 있습니다. 이 경우는 원천의 '파일시스템'에 적재되는 동시에 'Lake Hadoop'에도 Push 방식으로 적재함으로써, 데이터의 지연을 최소화하는 방식으로 구성하는 것이 바람직합니다. '배치' Pipeline은 Apache Sqoop와 다양한 ETL 도구를 활용하여 구성할 수 있습니다.

4-4. Data Pipeline 개발

'데이터 객체'별 Data Pipeline 개발을 완료한 후, 곧바로 해당 객체에 대한 데이터 수집을 시작하는 것이 바람직합니다. 데이터 수집과 함께 메타데이터 수집과 생성, 카탈로그 큐레이션 등의 후속 작업을 시작할 수 있기 때문입니다. 이를 통해 이러한 관련 기능을 검증할 수 있고, '데이터 Steward'의 카탈로그 큐레이션 작업의 시작을 최대한 앞당길 수 있습니다. 카탈로그 큐레이션은 상당한 시간이 소요되므로, 시스템 오픈까지의 충분한 시간을 확보하여 작업을 수행해야 하기 때문입니다. 가능하면 메타데이터 수집/생성 기능과 카탈로그 큐레이션을 위한 필수 화면의 개발 일정은 최대한 앞당겨서 진행하여, Data Pipeline 개발을 진행함과 동시에 카탈로그 큐레이션을 수행해야 합니다. 그리고 Data Pipeline 개발의 순서는 앞선 원천 데이터 수집 범위 정의 시 정했던 우선순위에 따라 개발하도록 하여, 중요한 '데이터 객체'부터 카탈로그 큐레이션 작업이 시작될 수 있도록 합니다.

Data Pipeline 개발은 물론 '개발 서버'에서 진행해야 하지만, 기능 검증이 완료된 후에는 곧바로 '운영 서버'에 배포하여 실데이터 수집을 시작합니다. 이를 위해서는 설계 완료 시점, 즉 개발이 시작되는 시점 전에는 '운영 환경' 구성이 완료되어야 함을 의미합니다. 통상적 IT 시스템 구축 프로젝트는 이 '운영 환경' 구성이 상당이 늦어져 일정에 차질이 생기는 경우가 자주 발생합니다. 따라서 IT 인프라팀과 충분한 협의를 통해 설계 완료 시점까지 '운영 환경' 구성이 완료될 수 있도록 일정을 조율해야 합니다.

4-5. 원천 데이터 수집

Data Pipeline 프로그램 개발을 완료한 '데이터 객체'를 대상으로 원천 데이터를 수집합니다. '실시간' 수집 프로그램과 '근 실시간' 수집 프로그램은 난이도가 높은 만큼, 항상 다양한 문제가 발생합니다. 기능상의 오류뿐만 아니라 데이터 정합성에 대한 문제도 자주 발생하므로, Data Pipeline 프로그램 개발 후에는 철저한 기능 테스트와 데이터 정합성 검증을 필요로 합니다. 외산 프로그램의 경우 본사 엔지니어의 지원이 필요한 경우가 많아 오류 수정에 상당한 기간이 소요되는 경우가 자주 발생합니다. 따라서 해당 벤더와 계약 시에 이런 문제 발생 시의 신속한 지원에 대해 반드시 명시하도록 해야 합니다.

데이터 수집 프로그램의 오류를 모두 검증한 후에 원천 데이터를 수집을 시작하려면 상당한 기간이 소요되므로, 일단 난이도가 낮은 '배치' 데이터 수집부터 먼저 진행하면서 점차 '실시간', '근 실시간' 수집을 진행하는 방법을 권고합니다. 프로그램 오류 수정에 너무 많은 에너지를 쏟는 경우, 나머지 중요한 영역에 대한 문제가 발생할 수 있으므로, 최초 1단계 사업에서는 '배치' 데이터 수집만 진행하고, '실시간', '근 실시간' 데이터 수집은 Pilot으로 진행한 후, 이후 2단계 사업에서 본격적인 서비스를 시작하는 것도 또 하나의 좋은 방안일 수 있습니다.

그리고 원천 데이터 수집 일정을 카탈로그 큐레이션 진행 일정에 비해 지나치게 앞서가지 않도록 해야 합니다. "얼마나 많은 원천 데이터를 수집했느냐."보다는 "얼마나 많은 데이터에 대해 큐레이션을 진행했느냐."가 중요합니다. 프로젝트 실적으로 원천 데이터를 수집 건수와 용량만을 추구하는 경우를 자주 목격하는데, 이는 '데이터 호수'가 아닌 '데이터 늪'으로 가는 지름길입니다. 단지 수집만 하고 큐레이션 하지 않은 데이터는 쓸모없는 데이터라는 것을 명심해야 합니다.

5. Front-End 구축 모듈

Data Catalog의 'Front-End 구축 모듈'은 사용자들이 사용하는 'UI(User Interface)', 즉 화면 Layout과 화면 내 기능에 대한 요건을 정의하고, 설계, 개발하는 모듈입니다. 'UX(User Experience)'라고 불리는 사용자 경험의 향상을 목표로 해야 하며, 사용자의 관점에서 편리함, 유용함, 세련됨, 익숙함 등을 갖출 수 있도록 구현해야 합니다.

5-1. Data Catalog Front-End 요건 정의

Data Catalog Front-End의 요건은 **디자인 측면**의 요건과, **사용자 활용 프로세스를 기반으로 한 기능 측면**의 요건으로 구분할 수 있습니다.

첫 번째, **디자인 측면의 요건**은 Data Catalog의 타깃 사용자인 **'Citizen 분석가'의 관점**에서 도출되어야 합니다. 앞선 솔루션 기능 비교 시 언급했던 'Alation Data Catalog'의 화면 Layout을 참조하여, 처음 이용하는 사람도 친숙하고 세련된 디자인, 한눈에 모든 정보를 알기 쉽게 배치한 Layout을 구성해야 합니다. 또한 'Waterline Data'의 경우는 Alation과는 화면

Layout 구성이 많이 다르므로, 솔루션 간 충분히 비교 분석 후에 디자인 요건을 도출해야 합니다.

예를 들어, AWS의 Data Catalog인 'Glue'의 경우는 일반 사용자보다는 개발자에 초점을 맞춘 솔루션에 가깝다고 볼 수 있습니다. 개발자가 필요로 하는 '데이터 객체'를 손쉽게 찾고, 저장소 간에 데이터 이동이 가능한 ETL(Extract Transform Load) 서비스를 제공하는 것이 특징입니다. 일반 사용자들이 비즈니스 키워드를 중심으로 데이터를 찾고, 배경지식을 이해하고, 실데이터를 조회/확보하는 서비스와는 상이한 구성입니다. 따라서 벤치마킹하는 솔루션의 타깃 사용자를 반드시 확인하고 디자인 검토를 해야 합니다.

두 번째, **사용자 활용 프로세스를 기반으로 한 기능 측면**의 요건은 사용자의 데이터 활용 행태를 기반으로 기능을 도출하는 것입니다. 사용자는 필요한 '데이터 객체'를 찾고, 해당 '데이터 객체'의 배경지식을 이해한 후, 실데이터를 조회하고 다운로드합니다. 이 데이터를 자신이 선호하는 '데이터 전처리/분석 도구'에서 활용하고, 그 결과를 배포하여 다른 사용자와 공유합니다. 이러한 기본적인 프로세스를 기준으로 각 단계별 어떤 세부 기능이 필요한지를 도출하고, 이후 단계와 '끊김 없이(Seamless)' 진행할 수 있도록 기능을 정의하고 Layout을 배치합니다. 앞선 'Data Catalog 주요 기능 만들기' 챕터에서 이러한 내용을 충분히 설명하였으니 참고로 하시기 바랍니다.

어떤 기능과 Layout이 사용자에게 편리할지 참고할 수 있는 유용한 벤치마킹 대상은 바로 '상품 카탈로그'입니다. 이는 앞서도 설명했지만, Data Catalog의 데이터 활용 프로세스와 유사한 측면이 많고, '상품 카탈로그'는 이미 글로벌 '선진 사례(Best Practice)'라고 할 만한 우수한 참고 사례가 많이 있고(아마존, 쿠팡 등), 어느 정도 기능이 표준화되어 있습니다. 이러한 글로벌 선진 '상품 카탈로그'의 기능을 세부적으로 도출한 후, 이를 "Data Catalog에도 도입할 수 있을지."라는 관점으로 철저한 검토가 필요합니다. 예를 들면, '상품 카탈로그'의 '즐겨찾기' 기능도 도입할 수 있을 것이고, '쇼핑 카트'와 같은 기능도 '한 번에 데이터 내려받기'와 같은 기능으로 도입을 검토할 수 있을 것입니다.

5-2. Data Catalog Front-End 기능 설계

Data Catalog의 UI 디자인 콘셉트를 정의하고, 전체 화면 Layout을 구성하고, 화면별 기능 도출을 완료한 후에는 각 기능에 대한 설계를 진행합니다. 이 단계에서 중점을 두어야 할 부분은 각 화면 설계 시, **누구나 이해할 수 있는 쉬운 용어를 사용**해야 한다는 것입니다. 개발자들만 이해할 수 있는 전문 기술 용어나 줄임말 등을 최대한 배제해야 합니다. 따라서 화면 설계 완료 후에는 프로젝트에 참여 중인 '비즈니스 분석가' 혹은 현업의 일반 사용자에 리뷰를 받아 이해할 수 있는 용어들로 구성되어 있는지 반드시 검토해야 합니다.

또한 최대한 **불필요한 정보를 제거**해야 합니다. 특히 '카탈로그 조회' 화면의 경우 '데이터 객체'별로 조회할 수 있는 항목을 상이하게 관리해야 하는데, 사용자가 굳이 알 필요가 없는 불필요한 항목이나, 해당 '데이터 객체'에는 맞지 않는 항목이 표시되어 있다면 사용자는 혼란스러워할 것입니다. 예를 들어 '메타데이터 데이터베이스'에는 존재하는 정보인 '객체

ID'와 같은 정보를 사용자는 굳이 알고 있어야 할 이유가 없습니다. 사용자가 이 정보를 어디에 활용할 수 있을지에 대해 면밀하게 검토한 후 화면에 표시하고 그렇지 않은 경우는 과감히 삭제합니다. 또한 '사용자 생성 객체'의 경우, '데이터 오너', '데이터 Steward'와 같은 항목이 화면에서 표시되어서는 안 됩니다. 화면에 해당 항목이 표시된 채로 나오고, 값이 비어 있다면 일부 사용자는 해당 정보가 왜 비어 있는지 궁금해하거나 더 나아가서 카탈로그 정보가 부실하다고 생각할 수도 있습니다.

그리고 **Front-End의 각 기능 설계 시 Back-End의 기능과 연동되어 동작하는 것인지 반드시 확인**해야 합니다. 이를 위해 Front-End 개발자라고 하더라도 Back-End 기능에 대한 이해가 필요하고, 협업을 위한 세션을 프로젝트 중간에 자주 가지는 것이 좋습니다. 예를 들어, '데이터명'과 '태그' 항목은 최초에 Back-End의 '메타데이터 추천' 기능으로부터 추천된 정보가 정확도와 함께 표시되어야 합니다. 하지만 Front-End 개발자는 이를 인지하지 못하고 단순히 입력하는 기능으로 이해하고 있다면 이후 통합 테스트 단계에서 이를 수정해야 하는 사태가 벌어질 수도 있습니다.

5-3. Data Catalog Front-End 기능 개발

Front-End 기능 설계가 완료된 이후에는 개발을 시작합니다. Data Catalog의 Front-End는 개발할 분량이 상당히 많을 것이므로, 어떤 기능부터 먼저 개발할 것인지에 대한 우선순위를 선정해야 합니다. 사용자가 활용하는 프로세스에 따라 카탈로그 검색, 카탈로그 조회, 실데이터 조회/다운로드 등의 순서로 개발을 진행하는 것이 당연하다고 생각할지 모릅니다. 기본적인 순서는 이와 같겠지만 **우선적으로 개발해야 하는 기능은 '카탈로그 큐레이션'**과 관련된 기능입니다. 위에서 언급했지만 '데이터 Steward'가 수행하는 '카탈로그 큐레이션' 작업은 상당한 시간이 소요되는 업무로 시스템 오픈 전까지 완료하기 위해서는 개발 단계의 중간 시점부터는 작업을 시작해야 합니다. 이를 통해 개발 단계의 후반부터 통합 테스트 단계까지 충분히 큐레이션 작업을 수행할 시간을 확보할 수 있습니다.

따라서 **'데이터명', '태그', '설명', '데이터 리니지' 입력 기능, '비즈니스 카테고리' 수정 기능, '데이터 프로파일링' 정보 조회 기능을 개발 단계 초반에 작업**한 이후, 개발 단계 중반부터는 '데이터 Steward'가 카탈로그 큐레이션 작업을 시작할 수 있도록 해야 합니다. 물론 이와 진도를 맞추어 '메타데이터 구축 모듈'에서는 '메타데이터 수집/생성/추천', '데이터 프로파일링' 기능을 우선적으로 개발해야 하고, 'Data Pipeline 구축 모듈'에서는 수집 대상 원천 데이터를 우선순위화하여 적재를 시작해야 합니다.

6. 변화관리 모듈

Data Catalog는 전사의 사용자를 대상으로 데이터의 활용 문화를 전환하는 작업이므로, 사용자에 대한 변화관리는 대단히 중요한 주제 중 하나입니다. 전사의 사용자를 대상으로 하는 '전사 자원 관리(Enterprise Resource Planning: ERP)'나 '데이터 웨어하우스', 혹은 텔레콤 회사의

'BSS(Business Support System)/OSS(Operation Support System)'와 같은 프로젝트를 떠올려 본다면 사용자 변화관리를 위해 얼마나 많은 노력이 필요한지 예상할 수 있을 것입니다. Data Catalog 역시 이와 유사한 정도 혹은 더 많은 노력이 필요할지도 모릅니다. Data Catalog는 기존의 시스템을 대체하는 것이 아닌 신규로 도입하는 시스템이기 때문입니다. 따라서 체계적인 변화관리 계획을 수립하고, 대상에 따라 단계적으로 실행해야 합니다.

6-1. 변화관리 계획 수립

변화관리는 사용자 그룹별로 특화된 프로그램을 기획하여 진행해야 합니다. 사용자 그룹은 현업인 '**데이터 오너**', 카탈로그 큐레이션을 담당할 '**데이터 Steward**', 고급 사용자 그룹인 '**Data Scientist**', 일반 사용자 그룹인 '**Citizen 분석가**'로 구분할 수 있으며, 본 사업의 스폰서 및 책임자인 '**경영진**'도 대상으로 해야 합니다.

이 중 'Citizen 분석가' 그룹은 대상자가 많으므로, 프로젝트 팀에서 직접적인 변화관리를 하기 어려울 것입니다. 따라서 부서별로 데이터와 IT 시스템에 대한 이해도가 높은 '**Power User**'를 선별하여 이들을 대상으로 직접적인 변화관리를 수행하고 'Power User'가 다시 자신의 부서 사용자들에게 커뮤니케이션과 교육을 수행하는 방법으로 진행하는 것이 더 효과적일 것입니다.

변화관리 담당자는 각 **사용자 그룹별 인원 현황 파악**이 필요하며, '데이터 오너' 그룹과 '데이터 Steward' 그룹에 대해서는 지정된 담당자가 적절한지에 대한 검토를 하여 프로젝트 관리자에게 보고해야 합니다. 또한 'Power User' 그룹에 대해서는 각 부서별로 지정을 위한 가이드라인을 제공하고, 추천 인력에 대한 적절성 여부를 검토하여 최적의 인력이 구성될 수 있도록 개별 부서와 협의를 진행해야 합니다.

변화관리 대상자를 지정하고 확정한 후에는 사용자 그룹별로 어떤 프로그램을 어떤 일정으로 수행할지에 대한 구체적인 변화관리 계획을 수립해야 합니다.

먼저 **'데이터 오너'** 그룹은 각자의 현업 업무에 대한 전문성을 바탕으로, '비즈니스 메타데이터'를 입력하는 방법, 사용자의 질의에 대해 대응하고 응답하는 방법, 또한 자신이 담당하는 '데이터 객체'를 조회하고 실데이터를 확인하며 데이터 품질을 점검하는 방법 등에 대해 변화관리 계획을 수립합니다.

다음으로 **'데이터 Steward'** 그룹은 업무와 데이터에 대한 지식을 함께 보유하고 '데이터 객체'에 대한 카탈로그 큐레이션을 담당해야 하므로, 전반적인 메타데이터 수집/생성/추천이 이루어지는 메커니즘과 메타데이터를 입력/수정하는 방법, '비즈니스 카테고리'를 관리하는 방법, '데이터 프로파일링' 정보를 조회하고 문제 발생 시 처리하는 방법 등에 대한 변화관리 계획을 수립합니다.

다음으로 **'Data Scientist'** 그룹은 기본적인 카탈로그 검색, '데이터 객체'의 배경지식 이해, 실데이터 조회/다운로드 방법뿐만 아니라, '대화식 쿼리 서비스'에서 작성한 쿼리를 카탈로그로 배포하는 방법, 'Data API'를 생성하고 배포하는 방법, 다양한 '데이터 전처리/분석 도구'로 연계하여 활용하기 위한 방법, 데이터 전처리/분석 결과와 과정을 다시 카탈로그

Data Catalog 만들기

로 배포하는 방법, '리포트/대시보드', '지식(Article)' 객체에 대한 이해 등 Data Catalog의 활용과 관련된 거의 모든 방법에 대한 변화관리 계획을 수립합니다.

다음으로 **'Citizen 분석가' 그룹**은 카탈로그 검색, '데이터 객체'의 배경지식 이해, 실데이터 조회/다운로드 방법과 일부 항목(설명, 태그, 용어사전 등)을 수정하는 방법, 사용자 평가/리뷰를 등록하는 방법, 추가로 필요한 데이터를 요청하고 활용에 대한 문의를 하는 방법, 카탈로그의 '활용'탭을 참고하여 실데이터를 조회하는 방법, 'My Catalog'에서 자신의 작업 현황을 조회하는 방법 등 일반 사용자의 눈높이에 맞춘 변화관리 계획을 수립합니다. 단 **'Power User' 그룹**은 사용자 교육을 직접 수행해야 하므로, 질의응답에 대비해 'Data Scientist'에 준하는 정도의 고급 기능들에 대한 추가적인 변화관리 계획이 필요합니다.

마지막으로 **'경영진' 그룹**은 전반적인 Data Catalog의 개념과 중요성, 주요 기능에 대한 설명, 기대효과 등에 대한 내용을 전달하고 전반적 기능에 토론(워크샵 등)을 위한 변화관리 계획을 수립해야 합니다.

6-2. 사용자 그룹별 커뮤니케이션

변화관리 담당자는 계획을 수립한 후, 사용자 그룹별로 계획한 프로그램 일정에 따라 차질 없이 실행합니다. 하지만 대상자에게 커뮤니케이션과 교육을 진행하기 전에 **사전 준비**가 필요합니다.

첫 번째, 각 사용자 그룹과 커뮤니케이션을 위한 적절한 자료를 준비해야 합니다. 본사업은 경영진에서부터 관리자, 영역별 전문가, 일반 사용자에 이르기까지 전사의 다양한 구성원을 대상으로 합니다. 사용자 그룹별로 각기 다른 역량과 스킬, 전문성을 가지고 있으므로, 단시간에 효율적인 커뮤니케이션을 하기 위해서는 해당 사용자 그룹에 특화된 자료를 바탕으로 커뮤니케이션해야 하고 그들의 피드백을 받아야 합니다. 예를 들어, 경영진을 대상으로는 Data Catalog의 개념과 중요성, 기대효과 위주로 커뮤니케이션을 해야 하고, 영역별 전문가들을 대상으로는 해당 영역에 특화된 상세한 내용을 바탕으로 소통해야 합니다. 그리고 일반 사용자를 대상으로는 가장 기초적인 Data Catalog의 활용법과 자신의 업무상 변화되는 내용을 위주로 최대한 구체적이면서도 쉽고 단순하게 작성된 자료를 바탕으로 커뮤니케이션해야 합니다.

두 번째, **사용자 그룹별로 별도의 커뮤니케이션 채널을 구성**해야 합니다. 대상자가 수십 명 이내인 사용자 그룹에 대해서는 '사내 커뮤니케이션 채널(SNS 형태)'에서 별도의 그룹을 만들어 공지사항 전달, 자료 공유, 피드백 수렴 등을 진행하는 것을 추천합니다. 'Citizen 분석가' 그룹을 제외하고는 모두 이 방식에 해당할 것입니다. 'Citizen 분석가' 그룹은 수백~수천 명 이상일 것이므로 '사내 커뮤니케이션 채널'을 통한 소통은 불가능할 것입니다. 이 경우는 별도의 '사내 블로그' 등을 통해 커뮤니케이션하는 방법이 더 효과적일 것입니다. 중요한 것은 쌍방향의 커뮤니케이션이 가능해야 한다는 것입니다. 사용자에게 내용의 전달뿐만 아니라 피드백을 받는 것 역시 중요하기 때문입니다.

사전 준비가 완료된 후에는 사용자 그룹별로 변화관리를 실행하되, **가장 먼저 '경영진' 그룹을 대상**으로 해야 합니다. 경영진을 대상으로 한 변화관리는 개념, 중요성, 이점 등의 기본적인 내용 위주로 소통하므로,

Data Catalog의 설계 내용이 확정되지 않더라도 수행이 가능하기 때문입니다.

다음은 **설계가 진행되는 대로 '데이터 오너', '데이터 Steward', 'Data Scientist', 'Power User'를 대상으로 한 커뮤니케이션을 수행**합니다. 개발이 시작되는 시점부터는 'Citizen 분석가'를 대상으로 한 변화관리를 시작해야 하므로, 설계 단계에서 이러한 개별 그룹과의 집중적인 커뮤니케이션이 이루어지도록 해야 합니다. 변화관리 담당자는 설계된 내용을 각 그룹의 사용자에게 전달하고 피드백을 받아 이를 다시 개발팀에 전달하는 역할을 수행해야 합니다. 각 기능에 대한 사용자 교육을 수행함과 동시에 사용자의 피드백을 반영하여 기능의 완성도를 높일 수 있기 때문입니다.

6-3. 사용자 변화관리

일반 사용자인 'Citizen 분석가'를 대상으로 한 변화관리는 다양한 방식으로 이루어져야 합니다. 또한 'Citizen 분석가'는 대상자의 수도 가장 많고 사용자의 스킬이나 지식 수준도 모두 상이하므로, 가장 쉬운 형태와 방식으로 커뮤니케이션이 이루어져야 합니다.

먼저 일반적인 Data Catalog의 개념, 사용 방법, 변화 내용 등을 전달하고, 사용자의 피드백, 문의 등을 받기 위한 **별도의 Data Catalog 홍보 사이트(혹은 블로그)를 운영**해야 합니다. 많은 수의 대상자와 커뮤니케이션하기 위해서는 직접적인 대화 채널보다는 이렇게 오픈형 공개 채널에서 공식적으로 소통하는 것이 바람직합니다. 변화관리 담당자는 공지를 통해 언제든지 필요한 내용을 사용자에게 전달할 수 있고, 사용자들의 피드백을 확인할 수 있습니다. 또한 사용자는 필요한 내용을 매뉴얼을 통해 언제든지 찾아볼 수 있고, 담당자에게 공개 문의 또는 건의할 수도 있습니다.

다음 방법은 **사내 이메일을 통한 공지와 홍보**입니다. '홍보 사이트'는 사용자가 별도로 접속을 해서 콘텐츠를 확인해야 하지만, '이메일'은 Push 형태로 모든 사용자에게 제공하는 메시지입니다. 따라서 사용자가 별도로 접속하지 않더라도 콘텐츠를 확인할 수밖에 없는 특성을 가지고 있어 '홍보 사이트'화 병행하여 운영할 필요가 있습니다. 콘텐츠는 뉴스레터 형식으로 기본적인 Data Catalog의 개념에서부터 시작하여 기초적인 활용법, 업무상 변화 포인트, 추후 일정 등을 세부적인 주제로 나누어 주기적으로 제공합니다. 콘텐츠의 길이는 A4 용지 1페이지 내외 정도로 길지 않도록 구성하고, 하단에는 해당 콘텐츠를 다시 보거나 문의 혹은 건의를 할 수 있도록 'Data Catalog 홍보 사이트'로 바로가기 링크를 걸어 놓습니다.

마지막 방법은 **'Power User'를 통한 교육**입니다. '홍보 사이트'와 '이메일'은 모든 사용자에게 공통적인 콘텐츠를 제공하게 되나, 교육의 경우 사용자 부서별/업무별로 특화된 교육이 가능합니다. 변화관리 담당자는 설계 단계에서 'Power User'에 대한 변화관리를 수행하며, 이때 'Power User'는 자신의 부서의 사용자들에게 교육을 할 수 있을 만큼 충분한 지식과 스킬을 갖추어야 합니다. 그리고 배포된 자료를 바탕으로 자신의 업무에 특화된 교육 자료로 재구성하는 것이 바람직합니다. 이렇게 각 부서에 특화된 내용과 활용 예시를 바탕으로 교육을 했을 때 사용자 교육의 효과는 가장 극대화될 것이기 때문입니다. 'Power User'는 개발 단계부터 사용자 교육을 시작하여 시스템 오픈 일정에 맞추어 교육을 완료할 수 있도록, 또한 개별 사용자들의 일정을 고려하여 교육 일정을 수립하고 해당 일정에 따라 실행합니다. 교육 수행 후에는 사용자들로부터 어떤 피드백, 건의사항 혹은 문의사항이 있었는지를 변화관리 담당자에게 다시 전달해야 하며, 변화관리 담당자는 다시 주요한 내용을 프로젝트 관리자와 개발 담당자에게 알려 주어, 기능 추가/개선 등이 이루어지도록 해야 합니다.

7. 통합 테스트

'**통합 테스트**'는 모든 기능을 개발 완료 후 기능 간의 원활한 연계가 이루어지는지, 사용자의 관점에서 업무 처리를 매끄럽게 진행할 수 있는지, 입력된 데이터의 정합성은 잘 맞는지 등을 최종적으로 점검하는 단계입니다. 만약 '통합 테스트' 시작 시점까지 기능 개발이 완료되지 않았다면 오픈 시점의 연기를 심각하게 고려해야 합니다.

그리고 '통합 테스트'는 개발자 등 **프로젝트 참여자가 아닌 제3자가 사용자의 관점에서 수행**해야 합니다. 따라서 '데이터 오너', '데이터 Steward', 'Data Scientist', 'Power User'가 각자 자신의 역할에 따라 빠짐없이 테스트를 수행합니다. 이때 '데이터 Steward'가 이미 카탈로그 큐레이션 작업을 진행 중인 '운영 환경'에서 진행하지 않도록 주의해야 합니다. '운영 환경'의 데이터를 '테스트 환경'으로 복사하여 실데이터를 활용하여 진행해 보는 것이 가장 바람직합니다.

'통합 테스트'의 진행 결과는 매일,

"○○○건의 테스트 케이스 중, ○○건이 완료(Pass)되었고, ○건의 오류가 발생하였으며, 오류의 원인은 ○○○, ○○○ 등이었습니다."

와 같은 형식으로 공유해야 합니다. 그리고 지금까지 발생한 총 오류 건수와 수정 조치 진행상황도 함께 공유해야 합니다. '통합 테스트'가 진행됨에 따라서 오류 건수가 줄어들지 않을 경우에도 시스템 오픈 시점의 연기를 심각하게 검토해야 합니다.

'통합 테스트' 완료 후, 필요한 데이터의 이행과 함께, 전사 공지를 통해 Data Catalog 시스템의 오픈을 알립니다. 시스템 오픈 후에는 '사용자 Help Center'를 운영하여 각종 오류, 문의, 건의에 신속하게 대응이 가능하도록 합니다. 한두 달가량 이러한 비상 대응 체제를 운영하고 어느 정도 안정화되었다고 판단할 시점에 정상적인 운영 모드로 돌입합니다.

신규 Data Catalog 시스템의 안정적 운영을 위해서는 운영 업무 프로세스와 담당자간 '역할 및 책임(Role & Responsibility)'을 사전에 정의하여 원활한 운영이 이루어질 수 있도록 해야 합니다. 사용자들의 활용 현황을 지속적으로 모니터링하여 문제 발생 시 즉각 조치가 이루어지도록 해야 하며, '데이터 Steward'의 카탈로그 큐레이션 활동에 대해서도 지속적 독려가 필요합니다. 기업의 데이터는 계속 변하며, 새로운 IT 시스템은 계속 생겨나고, 활용이 미흡한 데이터는 지속적인 정리가 필요하기 때문입니다. Data Catalog 데이터의 품질을 항상 유지해야만 사용자의 활용은 계속 증가하고, Data Catalog가 진정 회사의 데이터 활용 문화를 선도하는 역할을 할 수 있을 것입니다.

Data Catalog 만들기

제5장

Data Catalog의
미래 발전 방향

Data Catalog는 현재 진행형이며, 완성된 솔루션이 아닙니다. 글로벌 솔루션 업체들은 계속해서 Data Catalog에 최신 AI(Artificial Intelligence) 기술을 도입하고 추가적인 자동화 기능을 추가하는 등 새로운 기능들을 탑재하고 있습니다. 이러한 상황에서 Data Catalog가 향후에 과연 어떤 모습으로 진화할지에 대해 예상해 보는 것은 쉽지 않지만 매우 흥미로운 일일 것입니다.

진화의 가장 큰 키워드는 '**통합**' 그리고 '**자동화**'라고 볼 수 있습니다. 우선 '**통합**'과 관련된 트렌드로써, Data Catalog라는 개별 서비스 형태로 남아 있기보다는 데이터와 관련된 모든 정보를 통합한 포털, 즉 '**통합 데이터 포털**'과 같은 형태로 진화할 가능성이 있습니다. 그리고 기존의 '지식관리 시스템(Knowledge Management System: KMS)'과 중첩되는 부분이 있어 KMS가 Data Catalog를 포함하는 형태 혹은 **Data Catalog가 KMS를 통합**하는 형태로 발전할 가능성도 있습니다. 또한 **Data Catalog에 데이터를 전처리하고 분석하는 모든 기능을 통합**하여, Data Catalog 내에서 모든 데이터 활용 업무를 처리하는 형태로 진화할 수도 있습니다. 전사의 데이터 모델을 관리하는 '**전사 DA(Data Architecture)**' 시스템이 Data Catalog

와 **통합**하여 데이터 모델의 변경/추가 때마다 즉시 Data Catalog에 반영되는 형태가 될 수도 있습니다.

또한 '**자동화**'와 관련된 트렌드로써, 빅데이터 산업에서 가장 큰 화두가 되고 있는 '**AI(Artificial Intelligence)**'를 Data Catalog에 **적용**하는 방안, 또한 사용자의 취향을 분석하여 **개인화된 콘텐츠를 제공하는 방안**도 최근 많은 논의가 진행 중입니다.

1. 전사 통합 데이터 포털

Data Catalog의 현재 모습은 Data Lake의 데이터를 검색하고, 데이터의 배경지식을 이해하고, 실데이터를 조회/확보하고, 다른 데이터 활용 도구와의 연계하는 역할을 수행합니다. 하지만 대상 데이터를 'Data Lake에 적재된 데이터'만이 아닌 '전사의 모든 데이터'로 확대하면 어떤 모습이 될까요? 사용자는 Data Catalog를 통해 전사의 모든 데이터를 검색하고, 메타데이터를 조회하고, 다양한 데이터 활용 도구로 곧바로 연계하여 사용할 수 있습니다. 데이터 활용 도구를 통해 사용자가 생성한 데이터 혹은 지식을 다시 Data Catalog로 배포하여 공유할 수 있습니다. 사용자는 데이터 활용과 관련한 모든 업무를 Data Catalog를 통해 수행하게 되어, 사실상 **'전사 통합 데이터 포털'**의 역할을 수행하게 됩니다.

'포털(Portal)'은 '통로', 즉 '게이트웨이(Gateway)'의 의미를 가지고 있어, 모든 활용 경로를 이 '포털'을 통해 진행하도록 한다는 의미입니다. 즉 **사용자의 데이터 활용과 관련한 모든 업무를 이 '전사 통합 데이터 포털'을 통하게 함으로써, 기존에 분산되어 있던 다양한 데이터 활용 시스템/도구로의 접근과 활용을 용이하게 하겠다는 것입니다.**

기존의 사용자들은 메타데이터를 조회하기 위해서는 '메타데이터 관리 시스템'에 접근해야 했고, 실데이터를 조회하기 위해서는 'TOAD'와 같은 '데이터베이스 관리 도구'에 다시 접근하여 이용해야 했습니다. 또한 데이터 전처리를 위해서는 'Trifacta', 'Paxata'와 같은 '데이터 준비 도구(Data Preparation Tool)'에 접속해야 했고, 데이터 분석을 위해서는 또한 다양한 리포팅/시각화 도구, ML(Machine Learning)/DL(Deep Learning) 도구,

통계 분석 도구, 각종 데이터 프로그래밍 언어 등에 각각 접속하여 작업해야 했습니다. 이러한 시스템/도구들 간에는 서로 데이터를 공유하기 어려워 하나의 도구에서 작업한 결과를 다른 도구에서 활용하려면 별도의 변환/가공 작업을 거쳐야 합니다. 작업한 후에는 결과물을 다른 사용자와 공유하기 위해 문서를 작성하거나 별도의 커뮤니케이션 도구를 활용하여 작업해야 했습니다.

하지만 '전사 통합 데이터 포털'을 통해 위에서 언급한 모든 데이터 활용 도구에 별도의 로그인 절차 없이 접근할 수 있고, 하나의 도구에서 작업한 결과물을 다른 도구에서 추가로 작업할 수 있고, 결과물을 곧바로 포털에 등록하여 공유하는 체계를 구축할 수 있습니다.

2. '지식 포털'과의 통합

기존의 **'지식 관리 시스템'** 혹은 **'지식 포털'**은 전사의 구성원들이 필요한 자료(문서)를 찾아보고, 해당 문서의 내용을 이해하고, 다운로드하고, 자신이 생성한 지식(문서)을 업로드하여 공유하는 시스템입니다. '지식 관리 시스템'은 관리 대상이 '지식'이고, 'Data Catalog'는 관리 대상이 '데이터'인 것만 제외한다면, 목적과 취지, 활용 방법 등이 유사하다는 것을 알 수 있습니다. 따라서 Data Catalog의 '지식(Article)' 객체에 다양한 자료, 문서 등을 포함하여 관리할 수 있다면 통합하여 관리할 수 있지 않을까 하는 의문이 듭니다.

그러면 **Data Catalog에서 '데이터'와 '지식'을 통합하여 관리**함으로써 기존의 '지식 관리 시스템'을 대체할 수 있을까요? 기존의 '지식 관리 시스템'에서는 크게 두 가지의 자산을 관리하고 있습니다. 첫 번째가 위에 언급했던 **'자료(문서)'라는 '유형의 지식(Explicit Knowledge)'**을 관리합니다. 두 번째가 '자료(문서)'를 통해서는 전달하기 힘든, 지식을 보유하고 있는 사람이 직접 전달(설명)이 필요한 **'무형의 지식(Tacit Knowledge)'을 관리**합니다. '무형의 지식'은 **전사의 구성원이 보유한 스킬, 지식, 경험**을 관리하고, 이를 다른 구성원이 찾을 수 있어 서로 간의 네트워크를 형성함으로써 전달할 수 있습니다. 따라서 '무형의 지식'을 관리하기 위해서는 '구성원의 스킬, 지식, 경험'을 관리해야 합니다.

앞서 설명한 Data Catalog는 '지식' 객체를 관리함으로써 '유형의 지식'을 관리할 수 있는 체계는 갖추었지만, '무형의 지식'을 관리할 수 있는 객체는 없습니다. 따라서 **'구성원'이라는 객체를 관리**하여 '구성원'의 메타데이터 항목으로써, '스킬', '지식', '경험' 등을 관리함으로써 '무형의 지식'까지 관리할 수 있는 체계를 갖출 수 있습니다. 이러한 '구성원' 객체의 원천 시스템은 '인사 시스템'으로써, '구성원'의 기본적인 데이터를 수집하여, '스킬', '지식', '경험'과 같은 추가적인 항목을 Data Catalog에서 입력하여 관리해야 합니다(일부 선진 기업의 '인사 시스템'은 이미 이러한 정보를 관리하고 있습니다). 이 경우 '구성원' 객체의 '데이터 Steward'는 각 '구성원' 본인이 되어야 할 것입니다.

3. 데이터 분석 관련 모든 기능의 통합

Data Catalog의 데이터 활용 기능은 어떤 기능까지 포함해야 할까요? Data Catalog라는 이름에 맞게 필요한 데이터를 찾고 조회하는 기능에만 충실하면 되지 않을까요? 이 질문에 대한 답변은 Data Catalog의 핵심 기능에 충실한 것이 현재까지의 업계 분위기입니다. 하지만 솔루션 간의 일부 인식의 차이는 있습니다. 예를 들어, Alation Data Catalog의 경우, '대화식 쿼리 서비스'가 솔루션 내에 포함되어 있으나, Waterline Data 외 다른 솔루션은 그렇지 못합니다. 그러나 공통적으로 데이터 전처리 기능이나 시각화/리포팅, 분석 언어 등의 분석 기능 등을 포함하고 있지는 않습니다.

'대화식 쿼리 서비스'를 확장하여 Hive, Impala 등의 쿼리 기능뿐만 아니라, Python, R 등의 분석 언어 기능을 '번역기(Interpreter)'를 추가함으로써 추가할 수 있습니다. 하지만 이미 별도의 다양한 상용 솔루션이 존재하는 데이터 전처리, 시각화/리포팅 기능을 Data Catalog에 포함하기는 쉽지 않을 것입니다.

여기서 중요한 것은 사용자 관점에서 과연 그러한 모든 전처리/분석 기능을 Data Catalog에 포함시키면 어떤 점이 좋아질 수 있는지를 생각해야 합니다. **사용자 입장에서 가장 만족도가 높은 솔루션은,**

> "단일한 UI/UX 환경을 보유하고, 다양한 기능 이용 시 서로 간의 이질 감이 전혀 느껴지지 않고, 자연스럽게 연결되고 통합되면서, 편리한 방법으로 활용할 수 있는 솔루션."

입니다. Apple의 아이폰, 에어팟, 애플워치, 맥북 등 다양한 제품들을 사용할 때, 서로 다른 제품들이지만 기본적인 UI/UX가 유사하고, 너무나 자연스럽게 연결되고 통합되어 마치 연결되어 있는 하나의 제품을 사용하는 느낌을 받으며, 또한 간편한 방법으로 활용할 수 있으므로 큰 만족감을 느낍니다. Data Catalog와 이와 연계된 다양한 전처리/분석 솔루션을 활용할 때도 사용자는 이와 같은 느낌을 받아야 합니다. 하나의 통합된 솔루션과 같이 동일한 UI/UX와 끊김 없이 자연스럽게 다른 기능으로 연결되며, 불필요한 수작업은 없어야 합니다.

이와 같이 할 수 있는 방법은 두 가지입니다. 첫 번째는 그와 같은 **통합 Data Catalog 솔루션을 도입**하는 것입니다. 물론 지금은 그러한 솔루션은 없습니다. 그나마 Alation Data Catalog 솔루션이 '대화식 쿼리 서비스'를 통합한 형태로 구성되어 있고, 나머지 솔루션들은 일부 데이터 전처리 도구, 데이터 분석 도구로의 연계만 제공합니다. 향후에 모든 기능이 통합된 Data Catalog 솔루션이 나올 수 있을지는 모르지만, 일부 솔루션 업체들은 이와 같은 문제를 인식하고 있습니다.

두 번째는 **통합 Data Catalog 솔루션을 직접 개발**하는 것입니다. Data Catalog 핵심 기능을 개발 후, 'Apache Zeppelin'과 같은 오픈 소스 '대화식 쿼리 서비스'를 커스터마이즈 하여 통합해야 합니다. Zeppelin은 쿼리 기능뿐만 아니라 Python과 같은 데이터 분석 프로그래밍까지 통합할 수 있어 상당히 유용한 도구입니다. 또한 '데이터 전처리/분석 기능'의 추가를 위해 'Apache Spark'과 같은 오픈 소스 솔루션을 커스터마이즈해야 합니다. 커스터마이징 시 유의해야 할 사항은 위에서 언급했듯이 통합된 UI/UX를 구성하고, 끊김 없이 진행할 수 있도록 연계하며, 불필요한 수작업을 최소화하는 것입니다.

물론 각종 특화된 데이터 전처리/분석 도구들이 계속해서 등장하고 발전하고 있는 상황에서 이와 유사한 기능을 보유한 솔루션을 개발하기란 쉬운 일은 아닙니다. 하지만 사용자 입장에서는 그러한 새로운 도구들을 모두 다시 학습해야 하고, 서로 간의 연계가 되지 않고, UI/UX도 모두 상이하여 혼란스러울 것입니다. 하지만 기술은 항상 사용자가 편리한 방향으로 발전해 간다는 것을 명심해야 합니다.

4. '전사 DA 시스템'과의 통합

Data Catalog 서비스 운영 시 또 하나의 골칫거리는 원천 데이터를 수집 후 카탈로그를 큐레이션하여 사용자가 활용하고 있는 도중에 '데이터 모델'이 변경되는 것입니다. 즉 새로운 '컬럼' 혹은 '필드'가 추가되고, 기존의 '컬럼'이 삭제되고, '컬럼'의 이름이 변경되기도 합니다. 또한 기존에 활용하던 '테이블' 혹은 '파일'을 폐기하고 새로운 '테이블' 혹은 '파일'로 대체되기도 합니다. 이러한 '데이터 모델' 변경은 대부분의 IT 시스템에서 수시로 발생하는 일입니다. 그리고 전사의 Raw Data를 수집하는 Data Lake 레벨에서는 이러한 변경은 많은 객체에서 수시로 발생하는 일일 것입니다.

이럴 경우에 Data Catalog는 데이터 수집 프로그램을 변경해야 하고, 메타데이터 수집 프로그램도 변경해야 하며, 카탈로그에 큐레이션했던 내용도 변경해야 할 것입니다. 일부 프로그램의 경우 오류가 발생하여 이를 조치하기도 해야 할 것입니다. 이런 일이 매일 여러 건이 발생한다고 했을 때 'Data Catalog 운영자'와 '데이터 Steward'는 이를 수정하는 데 상당한 부담을 느낄 수밖에 없습니다.

이러한 반복적인 수작업을 최소화하기 위해서는 어떻게 해야 할까요? 원천 시스템 담당자들은 데이터 모델 변경이 발생할 때 마다 '전사 DA 시스템'에서 이를 현행화해야 합니다. 현행화 이후 일별 배치 프로그램에 의해 Data Catalog의 메타데이터 수집이 이루어질 것입니다. 이 경우에 최대 1일의 시간 차이가 발생하여 그 동안 Data Catalog에서는 오류가 발생하거나 데이터 정합성에 문제가 발생한 상태로 유지될 것입니다.

이를 방지하기 위해 **'전사 DA(Data Architecture) 시스템'과의 통합**이 필요합니다. 즉 '전사 DA 시스템'의 기능과 메타데이터가 Data Catalog 내부에 있다고 가정해 봅시다. 그러면 원천 시스템 담당자, 즉 '데이터 오너'는 데이터 모델의 변경 발생 시, Data Catalog에 접속하여 메타데이터 변경 내용을 반영합니다. 이후 메타데이터가 변경되었다는 알림 메시지를 '데이터 Steward'에 전달합니다. '데이터 Steward'는 메타데이터 변경에 따른 카탈로그 큐레이션 작업을 완료하고, 해당 내용으로 실데이터 수집이 시작됩니다. '데이터 Steward'는 실데이터 수집 이후 '데이터 프로파일링' 내용을 확인하여 데이터 정합성에 문제가 없는지 확인합니다. 이와 같은 '전사 DA 시스템'과 Data Catalog의 업무 프로세스, 기능, 데이터의 통합으로 데이터 모델의 변경 시에도 문제없이 Data Catalog를 원활히 운영할 수 있게 될 것입니다.

5. AI 기반 카탈로그 큐레이션

AI(Artificial Intelligence) 기술은 이제 모든 산업에서 빼놓을 수 없는 중요한 화두가 되고 있습니다. 각 기업의 리더들은 AI를 비즈니스에 어떻게 적용할 것인지를 고민하고 있습니다. Data Catalog 서비스에 있어서도 예외가 아닙니다. 물론 지금도 일부 Data Catalog 솔루션은 '기계학습(Machine Learning)'을 통한 메타데이터 추천이 이루어지고 있지만, 이보다 더 나아가서 **'데이터 Steward'가 수행하는 모든 카탈로그 큐레이션 작업을 AI가 대체**할 수 있다면 그야말로 획기적인 일일 것입니다.

가령 '데이터 Steward'가 수작업으로 입력해야 하는 **'설명'까지도 AI가 메타데이터와 실데이터를 분석하여 자동으로 입력**할 수 있다면 어떨까요? 기존에 입력된 메타데이터와 수집된 실데이터를 비교 분석하여 가장 유사한 '객체'를 찾아 '설명' 항목을 복사한 다음, 메타데이터와 실데이터의 차이가 발생하는 부분을 분석하여 자동으로 입력해 주고, 이를 '데이터 Steward'에게 확인을 요청합니다. 초기에는 '데이터 Steward'가 확인을 해주는 건수가 많겠지만 갈수록 이 건수가 줄어들어 점점 더 정확해지고, 나중에는 오히려 '데이터 Steward'가 입력하는 것보다 AI가 더 정확하게 입력할 수 있을 것입니다. 이와 같은 시나리오가 바로 'AI 기반 카탈로그 큐레이션'입니다.

그리고 '데이터 Steward'가 관리해야 하는 **'비즈니스 카테고리'는 어떻게 AI가 관리**할 수 있을까요? '비즈니스 카테고리'는 비즈니스(업무)에 대한 계층구조를 구성하고 분류하는 작업으로 '데이터 Steward'도 가장 어려워하는 업무 중에 하나일 것입니다. AI는 우선 메타데이터 분석을 통해 '태그'의 '의미를 파악(Semantics)'해야 하고, 의미를 파악한 '태그' 간에 관계를 분석해야 합니다. 이를 위해 일단 '유관' 혹은 '무관'한지를 파악한 다음, '유관'할 경우에는 다시 '포함(하위)' 혹은 '대등(유사)' 관계인지를 분석합니다. 이러한 과정에서 정확도가 낮은 관계에 대해서는 '데이터 Steward'의 개입이 필요하며, 시간이 지날수록 개입이 적어질 것입니다.

'데이터 Steward'의 추가적인 업무 중 하나인 **데이터 품질 관리'는 AI가 어떻게 수행**할 수 있을까요? '데이터 품질 관리'는 기본적으로 '데이터 프로파일링' 결과를 기본으로 합니다. '데이터 프로파일링' 결과에 대해 '규칙(Rule)'을 적용하여 문제를 식별해 냅니다. 이 '규칙'은 '데이터 Steward'가 입력해서 관리해야 하나, 이 '규칙'을 AI가 자동으로 생성하고 관리하며, 문제에 대한 원인 식별과 함께, 조치사항도 도출하며, 필요시 직접 조치도 수행합니다. 이를 위해 먼저 AI가 특이한 데이터, 즉 '이상값(Outlier)'을 식별하면, 이를 '데이터 Steward'가 피드백합니다. 이 피드백 빈도는 시간이 지날수록 줄어들 것입니다. AI는 이 데이터를 원본 데이터와 대조하거나, 처리 과정상의 변홧값을 추적하여 원인을 식별합니다. 원천 데이터 이상 시, '데이터 오너'에게 알림 메시지를 전송하고, 그 이외에는 직접 데이터를 정제하고, '데이터 Steward'에게 처리결과 리포트를 전송합니다.

이런 방식으로 AI를 Data Catalog의 전반적인 업무들에 적용함으로써 자동화를 통한 운영 부담의 감소뿐만 아니라 사용자 서비스도 향상할 수 있을 것입니다.

6. 개인화된 콘텐츠 추천

Data Catalog도 최근 다양한 콘텐츠 플랫폼의 추세에 따라 개인화된 추천 콘텐츠를 제공해야 합니다. 가장 기본적으로는 해당 사용자의 Data Catalog 내에서의 '역할(Role)'에 기반하여 **해당 '역할'의 사용자들에게 가장 활용도가 높은 '데이터 객체'를 추천**하는 방법이 있을 것입니다. 혹은 '역할'이 아닌 '부서'를 기반으로 하여 '부서' 내에서 가장 활용도 높은 '데이터 객체'를 추천할 수도 있을 것입니다.

다음은 일반적인 콘텐츠 플랫폼의 추천 로직에 따라, **사용자가 조회 중인 '데이터 객체'를 활용한 다른 사용자가 조회한 '데이터 객체'를 추천**해 주는 방식입니다. 이러한 추천 콘텐츠는 사용자가 '데이터 객체'를 조회할 때마다, 하단에 추천 '데이터 객체'를 보여 줌으로써, 사용자의 '데이터 객체' 활용을 지원하는 방식입니다. 혹은 사용자가 '비즈니스 카테고리' 검색 시, 현재 조회 중인 카테고리 내에서 가장 인기 있는 '데이터 객체'를 순서대로 보여 주는 것입니다.

다음은 여기에서 조금 더 나아가서, **사용자의 데이터 활용 이력에 근거하여 클러스터링** 분석 후, 사용자의 데이터 활용 프로파일을 생성합니다. 전사 사용자에 대한 프로파일과 클러스터 구성 후, 사용자가 속한 클러스터 그룹에서 가장 많이 활용되는 '데이터 객체'를 추천할 수도 있을 것입니다. 하지만 이와 같은 추천 방식은 사용자의 활용 데이터가 상당히 축적된 다음에 적용한다면 효과가 높을 것입니다.

다음은 '태그 구름(Tag Cloud)'와 같이 **'객체 구름(Object Cloud)'을 시각화**하여 제공할 수도 있을 것입니다. 가장 많이 활용이 이루어지는 '데이터 객체'를 중심으로, 해당 '데이터 객체'와 함께 활용되는(JOIN 등을 통해) '데이터 객체'를 연결하여 같이 보여 주고, 각 '데이터 객체'의 활용도에 따라 글자의 크기와 굵기가 커지는 방식으로 시각화하는 것입니다. 사용자는 '객체 구름'의 중심을 이동할 수도 있고, 특정 '데이터 객체'를 선택 시 해당 '데이터 객체'의 카탈로그 페이지로 이동할 것입니다.

이러한 콘텐츠 추천은 사용자의 활용 이력이 없는 처음부터 적용하기는 어려우며, 최소 6개월 이상 지난 이후에 적용하는 것이 바람직합니다. 기본적인 방식부터 적용하되 점점 활성화가 진행됨에 따라 점차 난이도가 높은 추천 방식을 선정하여 구현해야 할 것입니다.

윤선웅, 《차세대 빅데이터 플랫폼 Data Lake》, 좋은땅, 2021.

Alex Gorelik, *Enterprise Big Data Lake*, O'Reilly, 2019.

Alation Data Catalog, *The Data Intelligence Blog(alation.com/blog/)*, 2020.

Amazon Web Service, *Data Lake on AWS(https://aws.amazon.com/ko/solutions/ implementations/data-lake-solution/)*, 2021.

Waterline Data Catalog(현 Lumada Data Catalog), *Demonstration Videos*, 2019~2020.

Data Lake 플랫폼의 핵심 서비스 구현

Data Catalog 만들기

ⓒ 윤선웅, 2021

초판 1쇄 발행 2021년 5월 27일

지은이   윤선웅
펴낸이   이기봉
편집   좋은땅 편집팀
펴낸곳   도서출판 좋은땅
주소   서울 마포구 성지길 25 보광빌딩 2층
전화   02)374-8616~7
팩스   02)374-8614
이메일   gworldbook@naver.com
홈페이지   www.g-world.co.kr

ISBN   979-11-6649-805-3 (03000)